DTC

Direct To Consumer Marketing

マーケティング

【第3版】

医薬品マーケターが考える
患者中心のコミュニケーション

古川 隆 ［著］

文眞堂

序

　今から遡ること20年以上前の1998年当時，英国資本のメディカル・コミュニケーションズ・エージェンシーに勤務していた筆者は，英国人の社長からオーストラリアでの二つのDTC実施事例を詳細に説明された。これが筆者とDTCの出会いである。この出会いのことはすでに何冊かの拙著で述べさせてもらった。その時，製薬企業が患者さんと直接コミュニケーションすることが直感的に面白いと思ったが，当時の日本では全くと言ってよいほどこのコミュニケーションはなされていなかった。それがどうであろうか，現在では何の迷いもなく多くの製薬企業が患者さんとのさまざまな直接のコミュニケーションを実施しており，その手法は日々進化をしている。

　大学院での研究成果を踏まえ2005年に日本評論社から『DTCマーケティング』を上梓したところ，DTCマーケティングについて導入を検討していた製薬企業やそれを支援する企業の皆さまに熱心に読んでもらい大きな支持をいただいた。その後普及しつつあるDTCマーケティングについて改訂版発行の要望が強く寄せられたため，同じく日本評論社から2009年に『新版DTCマーケティング』を上梓させてもらった。両書とも残念ながら絶版となってしまったが，今でも面会する人から時々「この本で勉強させてもらいました」と本を見せられることがあり筆者としては感慨無量である。

　ここ数年，製薬企業でDTCマーケティングに携わる皆さまと面談をしていると時々違和感を感じるようになってきた。DTCマーケティングがこれだけ普及してきているのに多くの人は前出の拙著2冊を読んだことがないのである。それもそのはずだ。2009年の『新版DTCマーケティング』から数えてもすでに12年の歳月が経っている。今回各方面の多くの方からの勧めもあり一大決心をしてDTCマーケティングについて版を改めて『第三版DTCマーケティング』を上梓することにした。2005年の初版も2009年の新版もすでに内容の一部は旧くなっているので，見直して内容を整理しなおした。2018年上梓

の『日本における DTC マーケティングの歩みと未来』に新たに書き起こした
いくつかの章についても少し手を加えて併せて収載をしている。初版に立ち返
り DTC マーケティングにこれから携わる人向けの羅針盤的な存在になればと
思い章立てもシンプルに絞り込んだつもりである。

　本書が初版や新版に引き続き製薬企業や支援企業の皆さまの何らかのお役に
立つのであれば望外の喜びである。これから 10 年後，20 年後も大義に基づく
正しい DTC マーケティングが実施され，患者さんや医療関係者に寄与するこ
とを引き続き強く祈念したい。本書を刊行するにあたり，ご協力やアドバイス
をいただいた皆さまにこの場を借りて感謝を申し上げる。

2021 年 9 月

古川　隆

新版　序

（『新版 DTC マーケティング』2009 年 11 月刊行より）

　『DTC マーケティング─医薬品と医療消費者の新しいコミュニケーション』第 1 版を上梓したのは 4 年前の 2005 年 3 月であった。当時はまだ DTC マーケティングは日本の製薬企業にとって必要か否かという DTC そもそも論が大勢を占めており，そのような中で少しでも普及に寄与したいとの思いから筆を執ったのであった。あれから 4 年経ち，現在の DTC マーケティングの状況はどうであろうか。2008 年から 09 年にかけては毎月どこかの製薬企業が DTC を実施しており，テレビで疾患啓発の DTC 広告を見ることもあまり珍しいことではなく，日曜日に新聞を広げれば全段を使った DTC 広告が掲載されているという状況である。筆者が 2009 年 3 月まで主催した「実践医薬品 DTC セミナー」にも毎回たくさんの製薬企業の方が参加されて盛況であった。

　もはや日本において DTC マーケティングそのものの是非を問うことは，意味がなくなったと言ってよい。現在の製薬業界では一歩前進し，より効果的な DTC マーケティングを実施するにはどうしたらよいかということに関心が移っている。DTC の先進企業では，十分な実施ノウハウを蓄積し，それを支援する総合広告会社などのパートナー企業や自社内に DTC に関する経験豊富なスタッフを抱えるようになってきた。多くの製薬企業は DTC マーケティングの実施に躊躇しなくなり，それを支援するパートナー企業の層もどんどん深みを増している。

　しかしながら，まだ DTC マーケティングを本格的に実施できないでいる企業もたくさんある。実施経験のある企業でも，継続的に実施していくための社内体制や人材育成，パートナー企業選定などに戸惑っている様子がうかがえる。本書は，すでに DTC マーケティングに経験を十分有している人には確認のために，もっと DTC マーケティングを知りたい人には最新の情報を提供すべく著した。本書がこれからの日本の DTC マーケティングの普及と発展に少しでも寄与できれば望外の喜びである。

　本書を刊行するにあたって，資料や情報のご提供をいただいた協力者の皆さまに感謝を申し上げたい（巻末にご協力者一覧を掲載した）。また，新版化にご尽力いただいた日本評論社の守屋克美氏にお礼を申しあげる。

2009 年 11 月

古川　隆

はじめに

（『DTC マーケティング』2005 年 3 月刊行より）

　日本の医療用医薬品業界で「DTC」という言葉をよく聞くようになって，5 年余りが過ぎた。一般の人には DTC とは耳慣れない用語だと思うが，Direct to Consumer の略で，製薬企業が医療消費者に直接働きかけるマーケティング活動のことを指す。最近の新聞にはしばしば，特定疾患の啓発のための全面広告が掲載されている。週刊誌にも，初めて聞く疾患名について詳しい解説記事が載っていることがある。これらはすべて DTC マーケティングのコミュニケーションの一環である。初期の頃の手探り状況から脱し，国内での実施経験を踏まえて，現在では一部の製薬企業は日本版 DTC マーケティングの手法を確立しつつある。

　しかし，大部分の製薬企業はいまだに DTC マーケティングに未着手であり，外資系製薬企業であっても，海外での豊富な DTC 事例を日本国内での実施に十分生かしきれていないところもある。

　日本において DTC マーケティングが本格的に普及しない背景はどこにあるだろうか。海外との医療制度の違いはもちろんであるが，DTC の日本導入に際して外資系製薬企業が本国からの強い指導で急激に導入を図ったことや，DTC マーケティングの内容が DTC 広告に偏って進められてきたために，本来の DTC のあるべき姿が歪められて理解されたことが原因ではないか，と筆者は考えている。

　本書は，今後の正しく新しい DTC マーケティングの普及と発展を目指して，DTC マーケティングについての理解を系統立てて進める一助になるように企画された。DTC 広告にフォーカスするよりは，マーケティングの理論的なアプローチと実践的な手法について考察することを心がけた。本書が現在の DTC マーケティングに悩んでいる方々や，これから DTC マーケティングを実施しようとしている方々の参考になれば幸いである。

　本書を刊行するにあたって，データや貴重なアドバイスをいただいた DTC

マーケティング研究会会員の皆さまをはじめとする協力者の方々に感謝を申し上げたい。また，本書で引用させていただいた原著者の方々にも深く感謝を申し上げたい。

2005 年 3 月

古川　隆

目　　次

第 1 章

日本の DTC マーケティング
20 余年を振り返る

DTC に関する用語の定義

　DTC に関連する用語については，2005 年筆者が初版『DTC マーケティング』を上梓した頃には，日本ではさまざまに使われていて定まった理解がなかった。そのため同書では論議を明確にするために筆者としての解釈を冒頭に示した経緯がある。その後，筆者の定義が学会などでも認知されることになったので，本書でもその時の定義を整理し直して改めて本書の冒頭に示しておきたい。

[DTC]

　DTC の語源は，Direct to Consumer の言葉通り「顧客直結」というような意味である。米国で製薬企業が医療用医薬品（処方箋薬）の製品関連情報を，医師などの医療従事者だけでなく直接医療消費者に提供していくことから転じて，このようなマーケティング・コミュニケーションの活動を指して呼ばれるようになった。実際には，DTC と DTC マーケティングとが同義で用いられているようだが，筆者は DTC とはより語源に近く，DTC マーケティングより少し広い概念すなわち患者とのコミュニケーションすべてが包含されるものと考えている。

[DTC マーケティング]

　DTC という手法を用いたマーケティング・コミュニケーション活動を指すものと解釈する。筆者は DTC マーケティングについて「製薬企業が自社の医療用医薬品に関連する特定の疾患に焦点を当て，結果として自社製品の処方に結びつけるために医療消費者への疾患啓発から潜在患者の発掘，受診の促進，そして受診後の疾病管理，患者の生活指導，継続的治療を促すための中長期的かつ計画的に実施する総合的なマーケティング・コミュニケーション活動である」と定義する。DTC マーケティングは大きく分けて DTC 広告，DTC-PR，DTC プロモーションの各構成要素に分類でき，これら三つの要素が統合的に組み合わさり構築されるものである。

[疾患啓発活動]

　日本ではDTCやDTCマーケティングという呼び方をせずに同じ活動内容を指して疾患啓発活動ということが多い。疾患啓発は確かにDTCの中に含まれ大きな比重を占めるかもしれないが，イコールではない。前述の定義にあるようにDTCマーケティングでは，治療が開始された後の患者への支援活動も含まれているので，全く同じ意味で使うことは好ましくない。

[DTC広告]

　DTCマーケティングの中で，マス媒体（新聞，雑誌，テレビ，ラジオなど）や交通機関，インターネットなどを使って医療消費者向けに露出される広告のことであり，DTCマーケティングの重要なコミュニケーション手段である。特に最近インターネットやスマートフォンの普及により，インターネットを利用した新しいタイプのDTC広告が登場してきている。

[疾患啓発広告]

　日本では米国と違い，薬機法や適正広告基準などの法令により医療消費者向けの広告に医療用医薬品の製品名を入れることができない。したがって広告の内容は疾患名と社名を用いて疾患の啓発を主とした内容になるのが一般的である。日本のメディアはこれを疾患啓発広告という用語に統一して，米国などの製品名の入ったDTC広告と区別をしているようである。

[DTC-PR（DTC広報）]

　DTCマーケティングの中で，DTC広告と並んで機能する重要なコミュニケーション手段である。DTCマーケティングでは，広告会社と並んでPR会社が製薬企業から委託されて活動を実施する場合が多い。PR会社は広告会社とは根本的に違い，PRキャンペーンをベースにDTCマーケティングのプログラムを構築する。具体的なプログラムとしてはメディアとのリレーションによる疾患啓発や受診促進のパブリシティ活動があげられる。パブリシティ活動による記事や報道は記者が客観的に自分の判断で行うので，受け取る医療消費者からの信頼度は広告より高いと言われている。他に疾患啓発を目的とした市民公

開講座や，ニュートラルで正しい情報提供を目的とした疾患啓発 Web サイトも DTC-PR に分類される。

[DTC プロモーション]

　DTC マーケティングの中で，DTC 広告と DTC-PR 以外の構成要素を指して呼ぶことが多い。DTC プロモーションには多岐にわたる具体的なプログラムがあり，DTC マーケティングではいろいろなフェーズで重要なコミュニケーション要素となる。具体的なプログラムとしては，無料検診を絡ませた健康イベントや治療を継続する患者に定期的にコミュニケーションを行って治療を支援をしていくペーシェントサポートプログラムなどがある。また患者を対象としたメディカル・コールセンターによる電話活動なども該当する。DTC プロモーションは医療消費者に疾患や治療に関する情報を提供したり，治療の継続を支援することが目的であり，消費財でイメージする販売促進活動の意味ではない。

①. 20 年余りを過ぎた DTC マーケティング

　2021 年の現在，日本の製薬業界でマーケティングに携わる人で「DTC」という言葉について聞いたことのない人はまずいないだろう。日本で本格的な DTC マーケティングが初めて実施されたとされるのが 1999 年であるから，すでに 20 年余りの歳月が過ぎたことになる。筆者がこのマーケティング手法の事例に出会って詳しく知ることになったのは 1998 年のことであったから，日本における DTC マーケティングの歩みを傍らでずっと見続けてきたと言える。2004 年 11 月にまだ黎明期であった DTC マーケティングについて業界内で情報交換や討議を行う場として DTC マーケティング研究会を立ち上げ，新しい手法に興味を持っていた業界内有志に参加してもらった。その研究会は形を変えつつ続いていくことになった。それが母体となり 2011 年にはますます活発になる DTC マーケティングについて業界内情報交換の場として「DTC 情報交換会」が設立され筆者も中心となって参画した。その会がさらに発展改組して

2013 年からは「疾患啓発（DTC）研究会」として現在に至っている。2021 年に創設から 10 周年を迎えた研究会には，7 月現在で製薬企業 55 社が参画する文字通りの業界内の研究会としてしっかりと確立しており，その活動もますます充実して盛んになってきている。数年前から参加する会員の世代交代が進んできていて，若手会員の中には 20 年以上前に DTC マーケティングが日本に導入された当時のことなど詳しく知る者がほとんどいないと言ってよい。

　この章では，DTC マーケティングについてこれから基本を学ぼうとする読者が本書を読み進めていく上で知っておいた方がよいであろう現在に至るまでの日本の DTC マーケティングの変遷，その 20 年余りについて説明をしてみたい。

22 年間を三つのステージに

　1999 年から 2021 年の現在まで 22 年間続いている日本の DTC マーケティングについて，大きくいくつかのステージに分けて考えた方が変遷を理解し易いだろう。本節では筆者が整理した第 1 期から第 3 期までの三つのステージに分けて，それぞれの期間の特徴やその背景などを説明していく。

【第 1 期】導入期から普及期（1999 年から 2012 年）

　1999 年から 2012 年までは，導入期から普及期と位置づけることができる。欧米での実施事例を参考に手探りで始まった日本の DTC マーケティングだが，何社かの先進的な製薬企業によって取り組まれて実施され，日本における実施形態というものが形作られて見えてきた時期と言える。この第 1 期の特徴としては DTC マーケティングのコミュニケーション方法としてマスメディアの広告，特に TV 広告が多用されたことがあげられる。図表 1−1 に 2000 年から2020 年までの DTC−TV 広告の年度推移を示す[1]。この第 1 期の DTC では新聞広告などのマスメディア広告も用いられたが，特に TV 広告が多用されたことにより，多くの人々の間で DTC ＝ TV 広告という認識が広がってしまった。これが DTC は単なる広告の種類のことであるという誤った理解にもつながり，

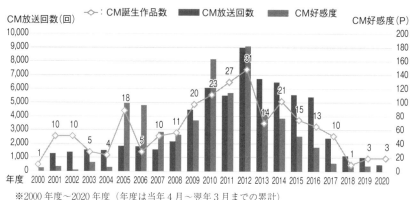

図表 1 - 1　DTC テレビ CM の年度推移（地上波東京キー 5 局）

※2000 年度〜2020 年度（年度は当年 4 月〜翌年 3 月までの累計）
※CM 放送回数の記録は 2001 年度から開始
出典：CM 総合研究所社内資料。

第 3 章で述べる IMC（統合型マーケティング・コミュニケーション）としての DTC という理解がなかなか進まなかった原因とも考えられる。TV 広告が多用された理由はこの時期に DTC 実施対象となった疾患が皮膚科疾患や精神疾患，泌尿器科疾患などが多かったためで，情報を伝える対象となる患者に広く同時に短期間に伝えるためには TV 広告を用いるのが最も適していたためと言えるだろう。DTC マーケティングでは，実施対象となる疾患の変遷とともにコミュニケーションの方法が変わってくるのは当然のことだが，この時期に誤って覚え込まれた DTC ＝ TV 広告という固定認識はその後もつい最近まで一定の人々の間に残っていた。

　図表 1 - 1 ではっきりと分かるように DTC−TV 広告の作品数*2 は 2008 年から右肩上がりで増えていき 2012 年にピークを迎えている。その後は，右肩下がりで一気に減っている。この図表でみる限り，第 1 期は 2007 年までが導入期，2008 年から 2012 年が普及期とさらに二つに分けてみることもできそうだ。この図表 1 - 1 は CM 総合研究所のデータベースによる社内資料のグラフであるが，同じデータを 2000 年 4 月から 2012 年 3 月までの 12 年間分の提供を受け筆者が分析と考察したのち日本広告学会全国大会で発表し，その後に論文としている*3 のでここでは，その主要な部分を紹介したい。

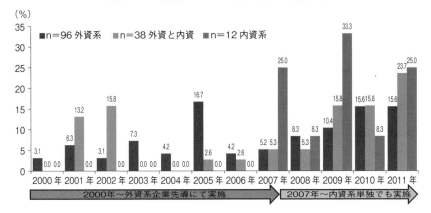

図表 1 - 2　年度別 DTC-TV 広告の推移-企業資本別

出典：古川（2013），p.26。

　図表 1 - 2 に示すのは「年度別 DTC-TV 広告の推移-企業資本別」である。
この期間における年度別の TV 広告件数を，実施した製薬企業の資本系列別に
より「外資系」「外資と内資」「内資系」の三つに分けて比較している。DTC-
TV 広告は 2000 年に「外資系」単独で実施され，2001 年より併売する内資系企
業とともに「外資と内資」で実施を始めた経緯が確認できる。その後，2007 年
より「内資系」単独での実施が始まり，その後毎年実施されているのが分か
る。先ほど述べた普及期（2008 年から 2012 年）と内資系が単独で DTC-TV 広
告を実施し始めた時期と重なるのが興味深い。

　図表 1 - 3 に示すのは「疾患領域別にみた DTC-TV 広告」である。12 年間に
実施された DTC-TV 広告の内容を疾患領域別でみると，「皮膚科疾患」が
24.7％と最も多く，その次に「精神疾患」が 18.5％で続いている。3 番目には
「泌尿器科疾患」と「眼科疾患」がそれぞれ 10.3％，その後に「内分泌・代謝疾
患」が続いている。この論文が発表されるまで製薬業界内では DTC の疾患領
域別の実施に関するデータがなく，憶測でさまざまに言われていたが DTC-
TV 広告に限ってではあるがこのデータにより明確になり一定の傾向をみるこ
とができた。これらの疾患領域に共通する特徴としては，① 重篤な疾患よりも
軽度なもの，② ターゲットの患者自身が自覚症状を有しているもの，③ 正し
い情報をターゲットの患者に伝えないと本人が疾患と認識しないようなもの，

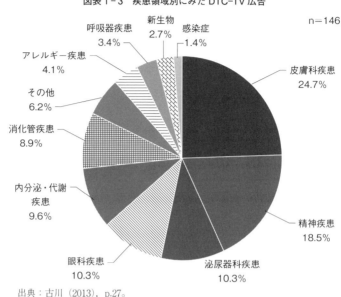

図表1-3　疾患領域別にみた DTC-TV 広告

n＝146

- 新生物 2.7%
- 感染症 1.4%
- 呼吸器疾患 3.4%
- アレルギー疾患 4.1%
- その他 6.2%
- 消化管疾患 8.9%
- 内分泌・代謝疾患 9.6%
- 眼科疾患 10.3%
- 泌尿器科疾患 10.3%
- 皮膚科疾患 24.7%
- 精神疾患 18.5%

出典：古川（2013），p.27。

であることが分かる。参考までに筆者が調べた四つの上位疾患領域の DTC-TV 広告を実施した製品名を図表1-4に掲げる*4。

　図表1-5に示すのは「チェックシートの活用状況」である。12年間に実施した DTC-TV 広告のなかで，内容に「チェックシート」を活用した「チェックシートあり」の広告は，21.2％であった。「チェックシート」に関しては，製薬業界内ではよく知られていて患者向けの疾患啓発資材などにも旧くから広く利用されているものだが，消費財のマーケティングではあまり馴染みがないものらしい。CM 総合研究所によるとこのような「チェックシート」を TV 広告の中に用いているのは DTC-TV 広告のほかに生命保険の TV 広告などがあるくらいとのことである。

　図表1-6は「疾患領域別チェックシート活用状況」である。疾患領域別の「チェックシートあり」の比率を比較してみると，「眼科疾患」が100.0％で一番高く，二番目に「消化器疾患」で30.8％，その後に「精神疾患」が29.6％で続いている。前述と同様に共通する特徴としては，① 比較的軽度な疾患が多く，②「眼科疾患」などターゲットの患者が自覚症状をしっかりと認識できるも

図表 1 - 4　上位疾患領域の具体的製品名

皮膚科疾患	ラミシール	抗真菌薬
	プロペシア	男性型脱毛症用薬
	イトリゾール	経口抗真菌剤
	ディフェリンゲル	尋常性ざ瘡治療剤
精神疾患	アリセプト	アルツハイマー型認知症治療薬
	パキシル	SSRI（抗うつ薬）
	ルボックス	SSRI（抗うつ薬）
	マイスリー	睡眠導入薬
	メマリー	アルツハイマー型認知症治療薬
泌尿器科疾患	バイアグラ	勃起不全治療薬
	レビトラ	勃起不全治療薬
	ベシケア	頻尿・尿失禁治療薬
眼科疾患	キサラタン	緑内障・高眼圧症治療剤
	ヒアレイン点眼液	角結膜上皮障害治療用点眼液
	ルセンティス	加齢黄斑変性治療剤

出典：筆者作成。

図表 1 - 5　チェックシートの活用状況

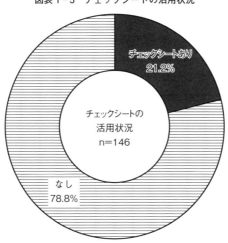

出典：古川（2013），p.28。

10

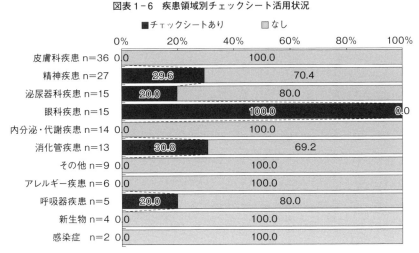

図表1-6　疾患領域別チェックシート活用状況

出典：古川（2013），p.28。

の，③「消化器疾患」や「精神疾患」など自覚症状はあるが，その症状が疾患によるものなのかどうか正しい情報を与えないと本人が疾患と認識しないようなもの，に多く用いられていることが分かった。この「チェックシート」は患者が簡易に自らがその疾患であるかないかを見つけて認識するのに有用であるためTV広告以外でも今後もますます効果的に活用されていくことだろう。

【第2期】行き過ぎ批判から環境変化（2013年から2018年）

　2013年から日本のDTCも米国が経たのと同じ道を歩むことになる。すなわちDTC活動の行き過ぎた事例に対する批判が出てきたり，実施をする製薬業界において不祥事が相次いで発生し社会から厳しい目を向けられることになった時期である。

　DTCに関して企業倫理を問われる事件が2013年と2014年に相次いで起きている。2013年の事件は，2013年12月11日の新聞報道に端緒を見ることができる。がん患者向けの雑誌に掲載された記事が実は製薬企業のタイアップ[*5]で"抗がん剤の広告"にあたる可能性があるとして厚生労働省が調査を開始したということが報じられたのだ[*6]。記事によると，雑誌を発行する出版社が製薬

企業に紹介記事（タイアップ記事）の企画を作り提案し，抗がん剤を販売する製薬企業が 1 ページあたり 47 万から 57 万円程度のお金を出版社に払っていたらしい。この時に製薬企業各社がタイアップとは広告のことだとはっきり認識していれば，医療用医薬品しかも抗がん剤の製品名を一般人である患者が読む記事に対してお金を払って書いてもらうことが薬事法（当時：現「医薬品，医療機器等の品質，有効性及び安全性の確保等に関する法律」（以下「薬機法」））に違反する[*7]ことくらいはすぐに気がついたはずだ。自社の抗がん剤のことが純粋な取材編集記事としてメディアの独自の取材のもとに客観的に雑誌に掲載されるのであれば，それが正しい内容であれば製薬企業には何ら関係のないところである。同じ報道によると「厚生労働省は製薬業界に自主ルールの策定と再発防止を求める方針だ」[*8]としており，これが第 5 章第 2 節で説明をする日本製薬工業協会（以下「製薬協」）の通知発出につながったと推測される。広告と広報の違いについては第 5 章で詳述するのでそちらを参照して欲しい。

　2014 年の事件が，2014 年 2 月 19 日の新聞報道[*9]によると製薬企業が DTC 活動に使用したデータが実は自作自演であったとされるものである。「うつ病啓発キャンペーンに批判が相次いだ問題で，製薬会社 2 社が『うつの痛み』の根拠とした論文は，この 2 社が広報用に行ったインターネット調査のデータを医師に提供したもので，論文をキャンペーンの権威づけに利用していたことが，読売新聞の取材で分かった。啓発活動や論文の中立性に疑問が投げかけられている」[*10]と報じていて，この論文は大学精神科の准教授ら 3 人が，製薬企業から提供されたデータをもとに論文化して米国精神病理学会の学術誌に投稿したもので，その中でうつ病患者 663 人と医師 456 人を対象としたインターネット調査を分析した結果「患者の 68.6％が，体の痛みがうつ病の回復を妨げると感じている」としているものだ[*11]。論文中には，製薬企業から編集協力を得たとあるが，2 社の調査を利用したという記載はなかった[*12]と報じている。この 2 社はこの論文データを前面に出して DTC 活動における TV 広告などを展開した。これに対して「フジ虎ノ門健康増進センターの斉尾武郎センター長（精神科医）は『調査を行った製薬会社が，第三者の学術論文の形にして，自らのキャンペーンの権威づけに利用する自作自演のような手法は大きな問題だ』と指摘する」[*13]と述べており，これ以降の製薬企業の実施する DTC において

患者に対して用いるデータにも客観性の担保が強く求められるきっかけとなった。ただ，筆者の見る限りいまだにデータに客観性がみられなかったり，我田引水的なデータをわざわざ作って用いていると思われるものもあり，この事件と同様に"自作自演"と批判されることのないようにデータの使用方法には十分過ぎるくらいに留意をしてもらいたいと考える。

　直接 DTC マーケティングには関係しないが製薬業界で起こった大きな出来事にいわゆるディオバン事件がある。2008 年ころから問題が提起されたノバルティスファーマ社の高血圧治療剤ディオバン[14] に関する事件のことである。この事件は，ディオバンの医師主導臨床研究にノバルティス日本法人のノバルティスファーマ社の社員が統計解析者として関与した利益相反の問題と，臨床研究の結果をまとめて大学の研究者が発表した論文のデータに問題があるとされ，これらの論文が撤回された一連の事案のことである。ディオバンの臨床研究では，五つの大学の医学部が関わり，それぞれが研究を実施して論文も発表した。この事件のことがマスメディアなどでたびたび大きく取り上げられ，報道を通して製薬業界が関与する臨床研究の信頼性に対して社会から厳しい目が向けられることになった。この事件では，ディオバンに関わる臨床試験のデータを改ざんしたとしてノバルティスファーマと同社の元社員に対して，厚生労働省が 2014 年 1 月に，薬事法（当時）第 66 条（虚偽・誇大広告の禁止）違反の疑いで検察に告発して裁判で争われていたが，2021 年 6 月 28 日に最高裁が検察側の上告を棄却し，一審（東京地裁 2017 年 3 月 16 日）および二審（東京高裁 2018 年 11 月 19 日）の無罪が確定した。裁判では無罪になったが，臨床研究自体に全く不正がなかったというわけではなく，臨床研究とそれに資金提供をする製薬企業に対して社会から厳しい目が向けられることになったことは間違いない。

　この事件を受けて臨床研究への法規制が検討され，2017 年 4 月 7 日「臨床研究法」として国会で成立し翌年施行された。この法案では臨床研究の実施手続きや製薬企業から受けた資金提供について契約締結や公表を義務づけている。「未承認薬や製薬企業から資金提供を受けて実施される臨床研究を『特定臨床研究』と位置づけ，これらにモニタリングや監査を義務づけるほか，実施基準に違反した場合は厚生労働大臣による中止命令，3 年以下の懲役か 30 万円以下

の罰金の罰則規定を設けた。国会審議で指摘が相次いだ被験者保護の規定については，附帯決議で今後省令で定める臨床研究実施基準等で明確に規定することとされた」*15。

　この事件は DTC マーケティングに端を発するものではなかったが，製薬企業に対する社会からの信頼性が大きく揺らいだことから各社が実施する DTC マーケティングにも少なくない影響を与えたのは事実であろう。各製薬企業ではコンプライアンスの観点から DTC を含むさまざまなマーケティング活動について見直しを実施したのである。そして，この事件が影響を与えたのは臨床研究そのものだけではなかった。臨床研究の結果を広告*16 に利用する場合における，広告に関する基本的な考え方や，広告の審査，監視指導のあり方についても検討を行うことになり，平成 26 年度（2014 年）の厚生労働科学研究班（いわゆる白神班研究）の「医療用医薬品の広告の在り方の見直しに関する提言」につながることになる。そして，広告の審査，監視指導の在り方については，平成 28 年度（2016 年）に予算措置がされ，厚生労働省による「医療用医薬品の広告活動監視モニター事業」（当時：現　販売情報提供活動監視事業）が実施されることになり，MR などによる不適切な情報提供の事例がこの事業により毎年度報告されている*17 のはよくご存じのことと思う。

　DTC に話しを戻そう。2017 年 2 月 1 日には，ワセダクロニクル（当時：現 Tansa）*18 が，買われた記事「電通グループからの成功報酬」としてお金を払って医療用医薬品の記事を書かせていた広告代理店グループのことを報じている。「脳梗塞（こうそく）の予防に使う『抗凝固薬（こう・ぎょうこやく）』の記事をめぐり 55 万円のカネが動いていたことを示す資料を入手したのが始まりだった。資料を見ると，カネを払っていたのは，製薬会社の仕事を請け負った最大手の広告代理店，電通のグループ会社。カネをもらっていたのは，全国の地方紙に記事を配信する共同通信のグループ会社だ」*19 とされており，同社はこの後次々とこの買われた記事シリーズを 2018 年 12 月 27 日まで 12 回に渡り続け詳細に不正の内容を報道している*20。これらの報道は今でも Web サイトで誰でも閲覧できる状態にある。その内容がすべて完璧に正しいかどうか筆者には判断が難しいので本書で詳述することは避けるが，以前よく筆者が製薬企業の DTC 担当者から耳にした言葉に「この企画内容は提案をした広告

代理店がコンプライアンス的にも大丈夫だと言っています」や「提案してきた広告代理店によると他の製薬企業でも同じ企画が採用されて実施されていて問題ないそうです」という内容がある。この買われた記事シリーズによると業務を委託されて実施した広告代理店は当局からの調査対象となっていないとのことである[*21]。間違った手法を採用して実施した責任を問われるのはDTC実施主体の製薬企業であり責任を逃れることはできないことを肝に銘じておくべきであろう。

　2018年9月25日には，厚生労働省から「医療用医薬品の販売情報提供活動に関するガイドラインについて」（以下「GL」）が発出され，製薬業界は激震に襲われることになる。このGLがノバルティス事件に端を発し，白神班研究を経て実施された現在の販売情報提供活動監視事業と一連の流れであることは明らかである。製薬企業に属する社員すべてについて医療用医薬品の販売情報提供活動がこのGLにより規制されることとなった。GLの説明が本書の目的ではないので詳細は省くが，このGLで筆者が驚いたのはこの中に「一般人向けの疾患啓発活動」も含まれていたことである。一般人に対して医療用医薬品の情報を伝えることは薬機法などの法令で厳しく制限されているので製薬企業の社員がわざわざ一般人にそれを提供することなど考えられないことである。GLで言うところの「疾患啓発」の定義は何であるのか，GL発出後の当局からのさまざまな説明の場や2019年2月20日の厚生労働省事務連絡「医療用医薬品の販売情報提供活動に関するガイドラインに関するQ&Aについて」[*22]（以下「Q&A」）によって，そのことはようやく分かった。Q&Aによると「Q5『疾患を啓発（一般人を対象とするものを含む。）することも含まれる』とあるが，一般人に対して，広告の三要件に該当せず，適正広告基準に従って行う疾患啓発活動は，本ガイドラインの適用範囲外と考えてよいか」に対する回答として「A5 疾患啓発を装って投薬治療をことさらに推奨するなどのおそれもあり，2の(2)で明記しているとおり，本ガイドラインの対象としている」となっている。また，「Q37 メディアセミナーやプレスリリースを通じた情報提供についても，本ガイドラインの適用を受けると考えてよいか」について「A37 メディアセミナーやプレスリリースを通じた情報提供については，実際になされた活動により『販売促進を期待して』なされたか否かを個別に評価・判断されるも

のであるから，一律に本ガイドラインの適用から除外されるわけではない。特に，一般人向けメディアが含まれる場合については，一般人向け広告に該当するおそれがあるため，慎重な対応が求められる」となっている。すなわち製薬企業がメディア向けに実施するメディアセミナーなどの場を借りて販売情報提供活動と見なされることをしてはいけないということであろう。実際ほとんどの製薬企業はこれらのメディアセミナーを本来の趣旨通り適正に運営実施しているはずであるので，ことさら萎縮する必要はないと考えるが，当局が GL に盛り込んだということは過去に適正な運営から著しく逸脱した事案があったのではないかと推察される。平成 3 年（1991 年）の「医療用医薬品の販売情報提供活動監視事業報告書」のまとめには「事例検討会等では，製薬企業の担当者からではなく，セミナー等への登壇を依頼する医師や薬剤師等にプロモーション活動の一翼を担わせようとする動きがみられるといった指摘もあった」[23] との記載もあり，具体的な事案は分からないがメディアセミナーでは製薬企業が依頼した医師が登壇して特定疾患やその疾患治療薬の臨床効果などについて説明をすることはよくあることなので，運営内容には十分留意しておくべきであろう。製薬企業が主催する以上責任は実施企業であり，そのメディアセミナーを企画した PR 会社（広報代理店，PR エージェンシー）ではない。

【第 3 期】患者ファーストの本来の姿（2019 年から現在）

　前述の行き過ぎた活動に歯止めがかからなかった理由に DTC 活動に関する基本的な指針が製薬業界内に存在しなかったことがある。これに鑑みて疾患啓発（DTC）研究会[24] では 2019 年に同研究会内に疾患啓発綱領策定委員会が発足し，DTC 活動の道標となる「疾患啓発綱領」の策定に取りかかり，2020 年 7 月に正式に発表をしている。業界誌でもこの綱領については詳しく紹介され，多くの製薬企業や行政当局もその存在を知ることになった。疾患啓発綱領については第 7 章に詳述するのでここでは内容の説明をしないが，製薬企業が実施する DTC 活動は何のためにあるのかという根本的な目的を見直す気運がこれを機に高まったのは言うまでもない。2019 年以降を第 3 期と位置づけたのはそのためである。まだ第 3 期は始まったばかりであるが，これからこの流れは大きくなっていくと思う。

図表1-7 医薬品薬効大分類別生産金額の比較

平成18年（2006年）

順位	薬効大分類	生産金額	構成割合
		百万円	%
	総　数	6,438,082	100.0
1	循環器官用薬	1,416,798	22.0
2	その他の代謝性医薬品	602,148	9.4
3	中枢神経系用薬	562,200	8.7
4	消化器官用薬	558,736	8.7
5	血液・体液用薬	375,619	5.8
6	外皮用薬	352,581	5.5
7	抗生物質製剤	327,662	5.1
8	生物学的製剤	249,170	3.9
9	アレルギー用薬	217,070	3.4
10	ビタミン剤	213,357	3.3
11	感覚器官用薬	193,205	3.0
12	体外診断用医薬品	190,447	3.0
13	呼吸器官用薬	147,399	2.3
14	滋養強壮薬	147,392	2.3
15	腫瘍用薬	138,119	2.1
16	泌尿生殖器官及び肛門用薬	123,903	1.9
17	ホルモン剤（抗ホルモン剤を含む。）	123,230	1.9
18	化学療法剤	117,178	1.8
19	漢方製剤	107,616	1.7
20	診断用薬（体外診断用医薬品を除く。）	60,083	0.9
21	人工透析用薬	49,878	0.8
22	末梢神経系用薬	39,130	0.6
23	放射性医薬品	31,890	0.5
24	公衆衛生用薬	23,094	0.4
25	アルカロイド系麻薬（天然麻薬）	17,269	0.3
	その他	52,908	0.8

令和元年（2019年）

順位	薬効大分類	生産金額	構成割合
		百万円	%
	総　数	9,485,988	100.0
1	腫瘍用薬	1,161,731	12.2
2	その他の代謝性医薬品	1,155,418	12.2
3	中枢神経系用薬	1,122,569	11.8
4	循環器官用薬	996,769	10.5
5	血液・体液用薬	683,211	7.2
6	消化器官用薬	561,955	5.9
7	生物学的製剤	503,308	5.3
8	体外診断用医薬品	405,987	4.3
9	外皮用薬	403,057	4.2
10	化学療法剤	388,201	4.1
11	感覚器官用薬	291,698	3.1
12	ホルモン剤（抗ホルモン剤を含む。）	259,390	2.7
13	アレルギー用薬	232,017	2.4
14	ビタミン剤	210,628	2.2
15	漢方製剤	178,075	1.9
16	泌尿生殖器官及び肛門用薬	166,985	1.8
17	滋養強壮薬	161,873	1.7
18	抗生物質製剤	155,485	1.6
19	呼吸器官用薬	138,720	1.5
20	人工透析用薬	55,098	0.6
21	放射性医薬品	53,718	0.6
22	診断用薬（体外診断用医薬品を除く。）	44,095	0.5
23	その他の治療を主目的としない医薬品	26,575	0.3
24	末梢神経系用薬	26,445	0.3
25	公衆衛生用薬	23,437	0.2
	その他	79,543	0.8

出典：厚生労働省（平成18年：2006）／厚生労働省（令和元年：2019）。

　日本の疾患構造の変遷をみてみるとこの期間で大きく変わってきている。薬事工業生産動態統計調査の薬効大分類をみても平成 18 年（2006 年）には，循環器官用薬が生産金額で 1 位で全体の 22.0％を占めていたが，令和元年（2019年）には，4 位となり 10.5％と減少している。一方，2006 年に 15 位で 2.1％であった腫瘍用薬は 2019 年には 1 位となり 12.2％と大幅に増えていて金額の増加でみると約 8 倍となっている（図表 1 − 7）。同様に各社が製造販売する希少疾患用薬も大きく増えてきているのが知られている。このような疾患構造の変化は従来実施されてきた DTC の考え方や手法が大きく変わらないといけないことを物語っている。腫瘍や希少疾患の患者はその疾患の重篤性から医療や治療薬に関する情報を切実に待ち望んでいるはずである。

　以上，22 年間続いている日本の DTC マーケティングについて，筆者が整理した第 1 期から第 3 期までの三つのステージに分けて説明をしてきたが DTCマーケティングに携わる者は，この大きな流れは頭の片隅に置いておいて欲しい。

[注]
* 1　CM 総合研究所社内資料。同研究所のデータベースより DTC−TV 広告だけを抽出し「CM 誕生作品数」,「CM 放送回数」,「CM 好感度」をグラフにしている。
* 2　CM 総合研究所の分類による「新作品」のこと。その定義であるが，同研究所では東京キー 5 局において初めて観測される CM 作品を新作 CM として登録している。なお，作品の中でも秒数違い／ぶら下がり違いなどのバージョン違いは新作 CM につづく同作として登録されている。「新作品」判断の基準としては同社が独自に保有するテレビ CM データベース構築システム（テレビ CM の全放送履歴を記録し，データベースに自動集計・集積する独自システム）に登録された全 CM に対し，映像・音声の類似度が一定の基準より低いものを指す。
* 3　古川（2013）。
* 4　製品名は筆者が独自に調べた結果であり，CM 総合研究所の資料の項目にはなく，当該製薬企業が外部に公表したものでもないので留意して欲しい。
* 5　タイアップは，編集タイアップやタイアップ広告とも呼ばれる。雑誌などに「広告」や「企画」などのクレジットをせず，お金を払って編集ページと区別のつかないページを作り，読者に特定の企業の意向が反映された内容であるということが分からないようにして広告をすることを言う。消費財の広告ではよく用いられる手法であるが，薬機法により製品名の広告制限がある医療用医薬品の場合には十分に注意が必要な手法である。
* 6　『読売新聞』2013 年 12 月 11 日付け朝刊，39 面。
* 7　薬機法第 67 条には,「（特定疾病用の医薬品の広告の制限）第 67 条　政令で定めるがんその他の特殊疾病に使用されることが目的とされている医薬品又は再生医療等製品であって，医師又は歯科医師の指導の下に使用されるのでなければ危害を生ずるおそれが特に大きいものについては，厚生労働省令で，医薬品を指定し，その医薬品又は再生医療等製品に関する広告につき，医薬関係者以外の一般人を対象とする広告方法を制限する等，当該医薬品又は再生医療等製品の適正な使用の確

保のために必要な措置を定めることができる。(以下略)」と定められている。

＊8　『読売新聞』2013 年 12 月 11 日付け，朝刊，39 面。

＊9　『読売新聞』2014 年 2 月 19 日付け，朝刊。

＊10　同上。

＊11　同上。

＊12　同上。

＊13　同上。

＊14　一般名：バルサルタン。

＊15　『薬事日報』2017 年 4 月 10 日付け。

＊16　ここで言う「広告」は一般人を対象とした広告のことではない。薬機法の第 67 条「特定疾病用の医薬品及び再生医療等製品の広告の制限」に規定される医療関係者に対してできる医療用医薬品の広告のことを指す。一般に広告と言うと一般人に対するものというイメージなので，この表現が DTC 広告に対するものであるという誤解をよく聞くがそれはあたらない。

＊17　「医療用医薬品の広告活動監視モニター事業」では，2016 年（平成 28 年度）に 39 の適切性に関する疑義報告，2017 年（平成 29 年度）に 52 の適切性に関する疑義報告，2018 年（平成 30 年度）に 64 の適切性に関する疑義報告，2019 年（令和元年度）（名称の変更「販売情報提供活動監視事業」）に 71 の適切性に関する疑義報告（うち，違反が疑われた医薬品数　39 件）がされている。

＊18　探査報道に特化したジャーナリズム組織。暴露しなければ永遠に伏せられる事実を，独自取材で掘り起こし報じている。広告収入を受け取らず，スポンサーからの影響を受けず独立した立場を守るとしている。世界 82 カ国 211 の独立・非営利ニュース組織が加盟する「世界探査報道ジャーナリズムネットワーク（GIJN）」の公式メンバー。

＊19　渡辺（2017）「買われた記事　電通グループからの『成功報酬』(1)」https://tansajp.org/investigativejournal/2961/　2021 年 8 月 10 日アクセス。

＊20　渡辺（2018）「買われた記事　医薬品名を出せば『報償費』／東京都が MSD に改善命令，西日本新聞社には福岡市が指導（12）」https://tansajp.org/investigativejournal/2972/　2021 年 8 月 10 日アクセス。

＊21　同上。

＊22　厚生労働省（平成 31 年／2019）「医療用医薬品の販売情報提供活動に関するガイドラインに関する Q & A について」https://www.mhlw.go.jp/content/000481368.pdf　2021 年 9 月 28 日アクセス。

＊23　厚生労働省（平成 3 年／1991 年）「医療用医薬品の販売情報提供活動監視事業報告書」https://www.mhlw.go.jp/content/000819797.pdf　2021 年 9 月 4 日アクセス。

＊24　2011 年 3 月 11 日に創立されて，2016 年 6 月 20 日に現在の名称となった。2021 年 7 月現在製薬企業 55 社が参画する業界内唯一の DTC に関する研究や情報交換，会員に対する教育や研修，DTC に関する調査研究などを行う団体。筆者はその発足に参画し，現在専務理事を務めている。

第2章

DTC マーケティングの誕生

米国での誕生

　現在では日本でも製薬企業によるDTCマーケティングが普通に実施されているが，そもそもこのマーケティング手法は米国で誕生したということを思い出して欲しい。日本と米国では医薬品を取り巻く法規制や医療制度そのものも違うが，その誕生の背景を理解しておくことはDTCを知るうえで基本であろう。米国でのDTC誕生の経緯について初版上梓の2005年ころに検証した内容を再度みてみよう。

米国でのHMOの台頭

　米国における医療用医薬品マーケティングの変化を，DTCマーケティングが導入されるようになった背景を検証しながらみてみる。

　米国における医療用医薬品マーケティングの変化を語るうえでは，HMO[1]の存在をまず説明しなければならない。HMOとは米国の民間医療保険組織で，会員になることにより指定の病院で比較的安価に診療を受けることができる民間医療保険制度だ。指定された病院以外での受診はできない。HMOは医師との契約に基づき，一定の診療報酬総額を一括で医師に交付し，医師はその予算額の範囲内で会員の診療を行う[2]。また，HMOは，指定病院で医師が会員に処方できる医療用医療品をリストにしており，そのほとんどは薬剤価格の安いジェネリック医薬品をリスト収載している。廣瀬によれば，「政府による全国民に対する手厚い健康保険制度のなかった米国で，HMOは1940年代に始まったと言われている。加入者は1970年には220万人にすぎなかったが，1978年に政府が公認したころには700万人に伸びた。1986年には，連邦政府がHMOの推進と競争化を図るため，従来HMOに加入できなかった政府関係職員（地方政府関係職員含む）の加入をできるようにした。1988年には営利会社のHMO経営を許可した。1993年には，マネージドケア[3]による保険制度がクリントン政権の医療制度改革法案に取り入れられたために，一挙にHMOの勢力は増強された」[4]ようである。

クリントン政権の失敗の後で

　結局，当時のクリントン政権による医療改革は失敗に終わったが，逆に医療改革が成功していれば，HMO によるマネージドケアが徹底され，現在ほど米国で DTC は普及しなかったと思われる。PPO（優先的供給者組織）とともに HMO の増勢が加速し，2000 年末には加入者は 1 億 4000 万人になると算定されていた[*5]。米国における DTC マーケティングが 1993 年ころから伸びてきていることと，この HMO の台頭とは無関係ではなさそうだ（図表2-1）。

　医療用医薬品マーケティングに詳しい Tom Callaghan[*6] は，次のように述べている。

　「米国において DTC マーケティングが導入され，これほど盛んになった理由の一つには HMO の存在があります。HMO は，契約する医師が処方できる医薬品リストに，薬剤価格が高い新薬を入れたがりません。良い新薬ほど薬剤価格が高く，新薬をどんどん処方されると HMO の経営が厳しくなるためです。この HMO には製薬企業の MR[*7] もなかなか歯が立たず[*8]，そこで考えられた

図表2-1　DTC 広告支出

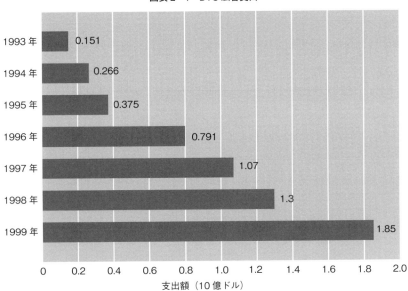

出典：Findlay（2001），p.111。

のが，患者や潜在患者に新薬の有効性を伝え，患者の方から新薬の処方を求めるように仕向けることでした。一般消費財のプル戦略*9 です。HMO 会員中の患者の多くが，新薬を求めれば，HMO もそれを医薬品リストに収載せざるを得ません。また，もう一つには，製薬企業の新薬開発スピードが速くなり，画期的な新薬を発売してもすぐに競合企業が同薬効の薬剤を発売することで競争が激化するため，開発に投資した膨大な資金を早期に回収する必要が出てきたためです。米国には日本のように薬価制度がありませんので，競合品が出てきた段階で先行発売された薬剤の価格は低下します。また，HMO は同薬効であれば価格の安いジェネリック品をリスト収載する傾向があり，特許が切れるまでが勝負になります。短い場合は 6 年以内の回収を目指します。従来のような

図表 2-2　米国の MR 数の推移

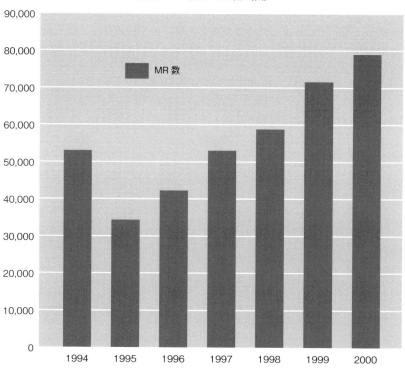

原出所：Deutsche Bank, Global Pharmaceuticals Report 2002 Outlook, PwC Estimates
出典：IBM Business Consulting Services（2002，邦訳 2003）。

医師に対してのコミュニケーションだけでは急激な患者増加は期待できず，DTC マーケティングでどんどん患者を発掘し，受診を促進させ，処方を増やす必要があるわけです。忘れてはならないのは，DTC マーケティングの導入とともに MR も増強されていることです。2000 年の米国の総 MR 数は 8 万人近くになっています（図表 2-2）。5 年前に比べて 2 倍に増えたことになります。DTC マーケティングにより受診促進された患者を診察する医師に対しても増強された MR により強力にプッシュ*10 のコミュニケーション戦略が展開されているわけです」*11。

　Callaghan 氏の話は，米国における DTC マーケティング発祥の背景と医療用医薬品マーケティングの変化について，興味深い見解であると言える。また，Callaghan 氏の話を裏付けるようにこの当時米国における販売促進費は図表 2-3 のように伸び続けている。販売促進費合計では，1996 年 61 億ドルであったのだが，2001 年には 125 億ドルと約 2 倍に伸びている。ディーテル（MR に関連する費用など），イベント（研究会，講演会，学会やシンポジウムなどの費用），DTC，PR ともに伸びているが，2001 年でみると販売促進費合計に占める DTC 費比率は約 22％である。1996 年には販売促進費合計に占める DTC 費比

図表 2-3　米国の販売促進費

（単位：億ドル）

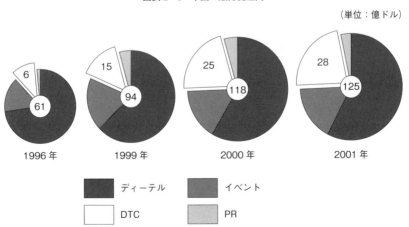

原出所：NDC Health
出典：世古（2002），p.16。

率は約10%であったので，わずか5年間での急激な伸びがうかがえる。すでに当時の米国において医療用医薬品の販売促進費，特にDTCに関する費用が伸びていることがこの図表からも分かる。

米国で最初のDTC

それでは，米国で最初のDTCはいつ行われたのであろうか。三浦らによるとそれは1981年であるとされている[*12]。「1981年，英系製薬企業の米国子会社が初めて，抗炎症薬のDTC広告（価格広告）を行い，これに続き，同年，米系製薬企業が肺炎ワクチンの広告を大衆誌Reader's Digestに掲載することになる」[*13]。現在の米国では医療用医薬品のマーケティング手法としてDTCはあたりまえの様に実施されているが，この1981年当時まだFDA（Food and Drugs Administration: 米国食品医薬品局）は公にはDTC広告を支持も容認もしていなかったようだ[*14]。当時のFDA長官の「DTCは今後急成長するであろう」という内容の発言を受けて製薬業界は実施に動いていったとされている[*15]。その後1985年9月にFDAはDTC広告に関する初めての公式見解を示した。それによると

①当該広告は医薬品のメリットとデメリットのバランスのとれた表現であること。

②医薬品リスクの要約（Brief Summary）を付加していること。

③その他の規制（虚偽の表現の禁止など）で定められた基準を満たすこと。

図表2-4に米国のDTC広告分類を示す。この分類の中で上記の三つの基準を満たす必要があるのは，Product Claim（製品名＋効果訴求広告）であり，

図表2-4　米国のDTC広告分類

		米国	日本
Product Claim	製品名＋効果訴求広告	○	×
Help Seeking	受診推奨広告	○	○
Reminder	製品名訴求広告	○	×
Disease Awareness	疾患認知広告	○	○

出典：NIHCM Foundation（2001），『月刊ミクス』2004年1月号より著者作成。

Help Seeking（受診推奨広告）や Reminder（製品名訴求広告）は満たす必要は
ないとされた[16]。確かに効果を訴求した場合にリスクも伝えることは大原則
であるので，医療者への医薬品の広告と同じ基準としたのであろう。

2. 米国での DTC 広告への 賛成意見と反対意見

　米国で発祥した DTC マーケティングであるから米国では常に日本より先に
いろいろなことを経験をしている。その経験をよくみておくことは，日本の
DTC マーケティングを考えるうえでも参考となる部分があるはずだ。日本で
もすでに経験した社会からの批判も米国では一足早く経験をしている。その当
時のことを振り返ってみてみよう。

DTC 広告が急激に増加している

　日本と違い，政府による全国民に対する一律の健康保険制度や医療用医薬品
の国家公定価格が整備されていない米国では，製薬企業は医薬用医療品のマー
ケティング・コミュニケーションを考えるうえで医療消費者を重要なターゲッ
トと考えている。特に 1997 年に FDA が，消費者に対する医療用医薬品のマス
媒体を用いた広告基準を大幅に緩和したことにより，DTC マーケティングと
しての DTC 広告は急激に増えている。DTC 広告の支出は 1999 年時点では 18
億 5000 万ドルに達している[17]（図表 2−1）。Prevention Magazine の 1999 年
の調査では，米国民の 81％が医療用医薬品の DTC 広告に接しており，そのう
ち 31％（米国民の 25％）が医師にその薬のことを話し，さらにそのうち 84％
（米国民の 21％）が当該薬の処方を得ているという[18]（図表 2−5）。同じく
Prevention Magazine の 1999 年の調査で，76％の医療消費者は「DTC 広告が
自分自身の健康により関与することを助けた」[19] と回答した。
　少し古いが米国民が DTC 広告された製品をどれだけ覚えているか（想起率）
をみると，クラリチン 75％，ザイバン 68％，アレグラ 66％，プロペシア 55％
の順になっている[20]。また，それらの DTC 広告費を見ると図表 2−6 のように
なる[21]。

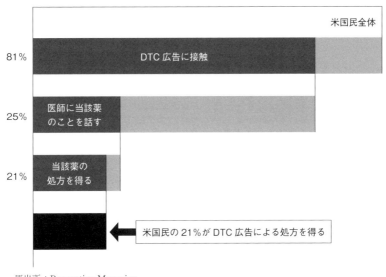

図表 2-5　DTC 広告の接触から処方まで

原出所：Prevention Magazine
出典：『月刊ミクス』2000 年 3 月号，p. 91。

図表 2-6　DTC 広告費の上位 6 品目（1999 年第 1 四半期）

単位：100 万ドル

製品名	一般名	製薬企業名	適応疾患	DTC 広告費
クラリチン	ロラタジン	シェリング・プラウ	抗アレルギー	36.9
プロペシア	フィナステリド	米国メルク	脱毛症	33.9
メリディア	シブトラミン	クノール	抗肥満	21.5
ザイバン	ブプロピオン	グラクソ・ウェルカム	禁煙	19.4
プレマリン	エストロゲン合剤	ワイス・エアスト	骨粗鬆症	18.2
デトロール	トルテロジン	ファルマシア・アップジョン	尿失禁	18.6

原出所：Prevention Magazine
出典：『月刊ミクス』（2000 年 3 月号），p. 91。

　2002 年の DTC 広告費を製薬企業別にみると，第 1 位がファイザーで約 5 億 7000 万ドル，第 2 位が GSK，第 3 位がメルクとなっている（図表 2-7）。2002 年の製品別の DTC 広告費は図表 2-8 のとおりである。第 1 位の Nexium は約 2 億 1000 万ドルもの DTC 広告費を使っているのが分かる[22]。このように米国

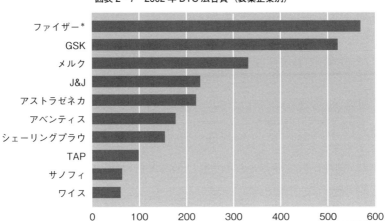

図表 2−7　2002 年 DTC 広告費（製薬企業別）

注：WEB サイトの広告費，Non-Blanded ad も含む。*Pfizer には Pharmacia 含む
原出所：Nielsen Monitor Plus
出典：『月刊ミクス』2000 年 3 月号，pp.90-91。

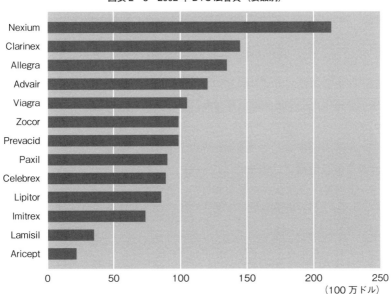

図表 2−8　2002 年 DTC 広告費（製品別）

原出所：Nielsen Monitor Plus
出典：『月刊ミクス』2000 年 3 月号，pp.90-91。

の製薬企業にとって，このときすでにDTC広告は医療用医薬品の重要なマーケティング・コミュニケーション手法として定着していることが分かる。

2000年製薬協の欧米調査団調査報告書より

　米国におけるDTCマーケティングの特徴や一般的内容は，日本製薬工業協会・広報委員会が2000年3月に発表した「製薬企業／団体と医療消費者とのコミュニケーションに関する欧米調査団調査報告書」に詳しい。日本のDTCマーケティング黎明期にこのような調査報告書をまとめたことに敬意を表しつつ，これを引用して紹介する。報告書は米国DTC市場の特徴を次の4点に整理している。

①医療用医薬品（処方箋薬）の広告が規制の範囲内で可能である。
②疾病は自分で治せるという国民意識の増大がある*23。
③DTCキャンペーンを一般のメディアが受け入れる環境が整っている。
④インターネットの普及により，Webサイトを媒体としたキャンペーンが容易である。

　また，当時の米国におけるDTCキャンペーンの一般的内容としては，以下の9点があげられている。

①製品名を明記したパンフレットを医療消費者にダイレクトメールで送付。
②疾病に関する情報（特定の治療薬情報を含む）を患者教育資料として作成。
③フリーダイアルによる医療消費者窓口の開設。
④インターネットのWebサイトによる情報提供（製品名をURLにしたWebサイトや患者団体などとの共同制作で患者団体や疾病のWebサイトを作成し，薬剤情報を載せてもらう）。
⑤イベントのスポンサー・主催者として，開催時に薬剤を紹介。
⑥中立的立場にある患者団体や消費者団体に資金を提供。
⑦メディアとの関係を構築。
⑧広く社会に情報を提供（実際に調査を行い得られたデータを元にジャーナリストに記事を執筆してもらう，製品に関係のある有名人をスポークスマンに起用して，宣伝効果を増大させる，患者の証言を取るなど）。
⑨第三者機関との関係を公開し，透明性を確保。

　今から 20 年以上前の調査報告書の内容ではあるが，現在の日本でも参考にできる点が包含されていると考える。

　この報告書によれば，「実際の DTC キャンペーンは，メーカーの依頼を受けた Edelman 社などの PR 会社がキャンペーンという形で実施するが，製薬企業単独のみならず，患者団体などの第三者機関と共同で行われることが多く，医療消費者の説得に用いられるデータも，第三者機関[24] が調査した信頼性の高いデータが利用される。また，信頼性の高いデータがない場合，DTC キャンペーンのために調査を第三者機関に依頼し，得られた新しいデータを用いることもある」[25] とのことである。

　ラン・カスターは，「米国でも FDA の規制緩和（1997 年）までは，製薬企業が自社の医療用医薬品を消費者に直接広告することができなかった。しかし医薬品分野の競争の激化により，製薬企業は政治的な働きかけにより消費者に対する広告露出の権利を獲得したのである。ただし，広告露出に際しては，医薬品の効能と共に予想される合併症や副作用も明確に要約して公表することが義務づけられている。実際の DTC 広告は 2 ページの見開き広告が採用されることが多い。通常最初の左側ページに写真やイラストを用いた普通の製品広告が掲載され，次の右ページは文字のみで構成され，広告主である製薬企業が医薬品に関する服用方法や効用，予想される合併症などについて DI 情報を列記する。情報量が多いため説明文は小さな文字で書かれており読みづらい。一方，テレビ CM は，他の一般用消費財と同じ手法を使っている。この場合，雑誌広告のように TV の画面上に予想される副作用の一覧表などを流して視聴者に読ませることは，不可能に近い。そのため定期的に DTC 広告を掲載している雑誌を参照するようにという説明文を CM 中のスクリーン上で流している」[26] と DTC について述べている。

DTC マーケティングの評価：賛成意見

　米国においては，日本よりかなり前から DTC マーケティングが医療用医薬品のマーケティング・コミュニケーション手法として定着している。しかし，DTC マーケティングに対する評価は人により分かれており，賛否どちらも説得力を持って主張されている。主な争点は，DTC マーケティングにより提供

される情報の客観性や医師の処方権侵害の有無，公衆衛生上の価値や役割についてなどである。賛否が叫ばれた初期のころにおける両方の意見を引用して紹介する。

　まず Holmer による賛成意見である。

　「米国においては，消費者が利用する医療関連の情報メディア数はここ 2～3 年で急激に増加している。毎月 50 誌以上の医療関連の消費者雑誌が，雑誌売り場に並んでいる。多くの TV 局は医学関連ニュースを配信する医師をかかえている。インターネットの 4 分の 1 近くは保険医療情報に関するものである。医師用添付文書集[*27] は，かつては病院の医師のもとにしかなかったが，現在は薬局で消費者版を入手できる。このような情報源とともに DTC 広告は，患者に情報と力を与える有力な手段である。Prevention Magazine の研究では，DTC 広告によって薬物療法における患者の服薬コンプライアンスが改善される可能性があることも発見された。DTC 広告は，治療の有効性を一般市民に伝える非常に有効な手段である。製薬企業は医療用医薬品の広告を規制している FDA の監督のもと，自社の製品情報を伝える権利と責任を持っている。DTC 広告は単に病状や治療の選択肢についてより多く学び，医師のもとを訪れるように患者を動機づけるだけである。そこから先の医療における医師と患者の関係での医師の役割は他の追随を許さないほど大きい。処方箋にサインするのは医師であり，DTC は医師の処方権を脅かすものではない。しかし参加型医療（消費者が自分自身の健康についてより大きな責任を取ることが前提）は，患者―医師関係を変質させている。患者が自分の医学上の問題について援助を求め，安全で効果的な医療用医薬品の処方を受け取れる可能性を大きく増大させることによって，DTC 広告は公衆衛生の改善において非常に実効的な役割を果たすであろう。DTC 広告支出額については，1997 年のデータで，医師向け（医療従事者，特に医師）プロモーションの支出額は約 40 億ドルだったのに対し，DTC 広告はその 4 分の 1 未満であった」[*28]。

　PhRMA（米国研究製薬工業協会）のマージョリイ・パウエル次席法律顧問も「いくつかの研究が示すところによれば，DTC 広告は医学的症状と治療選択肢について患者を教育し，患者と医師との対話を促し，初めて医師と病気について議論する米国民を増加させており，医師が処方した治療薬へのコンプラ

イアンスを高めるのに寄与している」*29 と賛成意見を述べている。

DTC マーケティングの評価：反対意見

　次に Hollon による反対意見についても引用して紹介する。

　「FDA は厳密な研究結果によらずに，医療用医薬品の DTC マーケティング
を行うことを制限する規制を緩和した。DTC マーケティングを支持するもの
は，消費者に新しい治療法を知らせ，適切な治療を求めるように動機づけると
仮定している。しかしながら，製薬業界は，経済的な動機で動いており，質的
に疑わしく，最小限の有益性しかない情報を提供している。損失や経済的な価
値を考えると DTC マーケティングの影響は好ましくないものである。最も重
要なのは，消費者需要を作り出すことによって処方システムの保護機能（医師
の患者に対する処方権）を徐々に傷つけていくということだ。DTC マーケ
ティングの公衆衛生上の価値は，社会が得る利益と社会が負う損失を比較する
ことによって吟味されるべきである。DTC 広告の情報の正確さを評価してい
る Consumer Reports によると，DTC 広告のうち有効性について公平に述べて
いるのは半分以下であった。同誌は『DTC 広告を制限する規制は緩和するべ
きでない』，そして『DTC 広告は公共サービスを意図したものではなく，商品
を売ることを目的としている』と結論づけている。医師はたった一つの薬剤に
ついての情報しか知らない消費者とは異なり，治療選択肢の範囲について，患
者に信頼できるアドバイスを提供することができる。DTC マーケティングの
価値が極めて低く，この戦略の主要な効果が消費者需要を作り出すだけであれ
ば，製薬企業の真に価値ある貢献とは異なり，DTC マーケティングは，患者，
医師，もしくは公衆衛生にとって好ましくないものである。Freeman*30 は『医
療用医薬品分野での勝者は，最良の特許や製品を持つものだけではなく，最良
のマーケティング力を持つものとなるだろう』と予測している。製薬業界は，
患者獲得のためにマスメディアの媒体を超えて，データベース利用による消費
者ターゲットへのダイレクト・マーケティングというようなより対象を絞り込
む方向へと移行している。有効で実測可能なデータに基づき，十分にデザイン
された独立した研究により，DTC マーケティング情報が公衆衛生上の価値と
望ましい効果を持っているということが証明されるまで，FDA は DTC マーケ

ティングに対しより厳しい規制を考慮すべきである」[31]と述べている。

「ニューイングランド・ジャーナル・オブ・メディスン」の元編集長アーノルド・レイマン博士は，PhRMAのパウエル次席法律顧問の賛成発言に対して，「DTC広告によってヘルスケアが改善されたという明らかな証拠があるという陳述には異論がある。それをサポートする明確な科学的証拠はない。一部の医学論文は製薬業界の主張に同調するが，データが欠落していたり，残念なことには製薬企業からの財政的支援により偏る場合も多い」[32]と指摘している。

DTCマーケティングについての賛否にはどちらにも説得力がある。なにより，いまから20年以上前にすでに米国においてこのような議論がされていることに驚くであろう。その後も米国ではさまざまな賛否が繰り広げられて後で述べる自主規制なども行われるようになった。日米の医療制度の違いや疾患に対する医療消費者の意識の違いもあるが，医療消費者が合理的で，DTCマーケティングにより提供される情報が第三者機関などにより客観性が保障されていて実施する製薬企業が確かな倫理感を持ち，DTCマーケティングに相応しい疾患で，十分検討されたプログラム内容であれば，DTCマーケティングは公衆衛生の改善に十分価値があるのではないかと筆者は考える[33]。また，日本においては第7章で述べる「疾患啓発綱領」が発表されており，道標となることは間違いないだろう。

DTCマーケティングのターゲット・オーディエンスである医師と医療消費者の関係について，「メディカルトリビューン」紙は，全米医師会評議会メンバー Hennan Abromowitz 博士の意見を次のように載せている。

「DTCが私の患者を教育するのならDTCに大賛成だ。いずれにせよ，広告は患者がさらに多くの情報を求めて受診するように仕向けるべきだ。患者と医師の結びつきこそ最も大事なものだ。患者が私の治療計画に異議を唱えても結構だが，私と話し合ってほしい。情報を与えられるほど患者は満足度が高い。医師―患者間で薬剤に関して対話があるべきだ」[34]。

疾患認知広告が奨励されている

賛否が渦巻いていた当時の米国のDTCマーケティングに関連する話題であるが，「月刊ミクス」誌によれば，

「2003年になってFTC（米国連邦取引委員会）は印刷物（雑誌新聞広告）についても，テレビ・ラジオと同じように簡単な記載を許すべきだとの意見をFDAに申し入れた。製品の詳しすぎるリスク情報は医療消費者に読まれないし，これを載せるための広告コストがアップし，健全な自由競争を阻むことになるからとしている。FTCは独占禁止と公平な自由競争推進の立場から，メーカーのコスト負担が増え，限られた広告予算しか持っていないメーカーにはDTC広告はできなくなると指摘し，印刷媒体にあっても重篤なリスクの記載にとどめ，詳しい情報は他のソース（製品に添付される消費者向け説明文など）に求めるように規制を緩和すべきだとしている。またFTCはDTC広告において患者に便益をもたらす場合の競合他社との医療コスト（医療費，医薬品価格）を比較する比較広告を推奨している。広告表現についてもFair Balance（医薬品のベネフィットとリスクについてバランスよく記載する意）にて記載すべきとしており，単純に文字の大きさなどで機械的に判断するのでなく誤った印象を与えるもののみ規制するようにすべきだとしている」[*35]と報じている。

　2004年2月にFDAは，DTC広告に関して三つのガイダンス案を発表した。「月刊ミクス」誌によれば，「三つのガイダンスとは『Disease Awareness（疾患認知広告）の奨励』と『印刷媒体広告でのブリーフサマリー（医療消費者向け添付文書）の簡便化』，『医療機器に関するDTC広告のカバー』である」[*36]。

　疾患認知広告に関しては，そもそも日本では法規制によりそれしかできないのであるから後からDTCマーケティングが始まった日本のほうが進んでいる感じだが，この当時に米国でも疾患認知広告が奨励され，これこそがDTC広告の目標とすべきとされたことは評価できるだろう。しかし，米国では製品名の入った広告ができるため，Help Seeking（受診推奨広告）やこの疾患認知広告など製品名を含まないDTC広告がどのくらい普及するかは疑問だと当時は思った。米国のDTC広告分類は前出の図表2-4の通り。

　世界的なPR会社グループのグローバル・ヘルスケア・グループ統括責任者のローラ・ショーン氏は，2003年当時DTCを含む製薬企業の倫理問題に関して次のように述べている。

　「薬に関する問題は事実上人々の生死に関わっています。従って製薬会社が『安全で効果的な薬物療法の革新的な提供者』として成功を勝ち取るためには，

利害関係のある人々との間の信頼関係は極めて重要な意味を持ってきます。私は製薬企業が新しいコミュニケーションを始める時期が来ていると考えます。それは完全なる情報開示と併せて，現在分かっている利害の不一致に対応するものです。製薬企業のマーケティング担当者は，消費者とより効果的な対話ができるコミュニケーションのための新しいルールを作り出し，それを行動指針としなければなりません。もし製薬会社が今日の製薬企業をとりまく環境において，社会に信頼される情報源となりたいのであれば，自主規制に向けて方策を講じなければならないでしょう」*37。

　このように米国では，DTC マーケティングに間接的な影響を与える医療制度の改革や DTC 広告そのものの改正が相次いで行われた。そして製薬企業を取り巻く企業からも製薬企業の変化を求める意見が出され広告自主規制にも繋がっている。自主規制については次節で詳しくみてみよう。

③. 米国における DTC 広告自主規制と DTC 規模

　米国の DTC マーケティングでは DTC 広告の比重が大きいが，この DTC 広告が加熱しすぎ，PhRMA（米国研究製薬工業協会）では 2006 年 1 月から DTC 広告の自主規制をせざるを得なくなった。背景となったのは，米国で相次いだ医薬品による副作用問題である。抗うつ剤パキシル，Cox-2 阻害剤バイオックス，高脂血症治療剤クレストールなど，重大な副作用問題を起こした製品の多くが DTC 広告を積極的に実施していたことから，DTC 広告の功罪が米国内で一気に問われることになった。2004 年 11 月に FDA の執行局長クロウフォード氏が DTC 広告への法規制を示唆した*38 ことから，翌 2005 年 8 月に PhRMA では DTC に関するガイドライン（自主規制）をまとめ，2006 年 1 月より執行することを決めた*39 のである。

　ガイドラインの内容は 15 の基本原則と運用＋質疑応答からなっている*40 が，その一部を紹介しておこう。
・DTC 広告を行う前に医師に対する情報提供を十分行う。
・DTC 広告開始までの待機期間は特定しない。

・すべての DTC 広告を開始する前に FDA に提出し点検を受ける。

・TV と印刷媒体による DTC 広告は食事療法などの他の治療法があることを知らせる。

・広告メッセージは不適当な年齢対象をターゲットにしない。

・コード制定を機にオフィス・オブ・アカウンタビリティを設置する

　（1 年後には独立した外部専門家委員会設置を約束する）。

・リマインダー広告を自粛する。

・疾患認知広告を行うことを奨励する。

　この PhRMA による自主規制により，米国の DTC 広告の特徴であった製品名を連呼する形のリマインダー広告ができなくなり，すでに当時日本や欧州で中心となっていた疾病啓発型の DTC 広告が推奨されたのは特筆できる。この米国での自主規制を指して，その当時日本では DTC マーケティングは今後できなくなるという者がいたが，全く的外れな見解であったのは現在も米国そして日本で DTC マーケティングが健在であることから証明されるであろう。疾患啓発型を中心とした DTC 活動は本質的な活動であり今後も充実していくことだろう。

　2008 年 12 月 10 日には PhRMA は，前述のガイドラインの改訂を発表した。2006 年 1 月の自主規制実施後の DTC を取り巻く状況や各界の意見を反映したということである。この改訂ガイドラインは 2009 年 3 月より実施されている。改訂ガイドラインで強化したポイントを図表 2−9 に示す。①② にあげられているのは，エンドースメント＆テスティモニアル広告[41] に関する規制である。これは，脂質代謝異常症治療剤「リピトール」の DTC 広告に登場した人物が著名な研究者でありながら，実は医師ではなく，広告の中でボートを漕ぐシーンも本人ではなく，スタントマンが演じていたことが分かり，米国で物議を醸して問題となったことに起因している。結果として，この DTC 広告を提供していたファイザー社は DTC 広告を中止せざるを得なくなった。前回のガイドラインの発表の際もそうだったが，PhRMA が自画自賛しているのに比べ，米議会では批判的に見る者もいたことも事実だ。また，FDA では 2009 年 6 月に製薬企業に対する DTC 広告などについてのガイドライン案を公表した。このガイドライン案では DTC 広告で消費者が医療品のリスクを理解することを妨

図表 2-9　PhRMA の改訂ガイドラインで強化したポイント

❶医療専門家の役割を演ずる俳優を登場させるDTC製品広告では，俳優が演じていることを述べること。もし，実際の医療専門家が登場してその報酬を受けている場合は，広告でそれを明らかにすること。

❷有名人による推奨を中心としたDTCテレビおよび印刷物広告では，その人物の意見，わかったこと，信じていることあるいは体験を正確に反映していなければならない。また，（スポンサー）会社は，その推奨者がその商品の使用者である／あったかどうかを明示し，推奨のベースとなる根拠を用意しておかねばならない。

❸DTC印刷広告には，副作用報告を受け付けるFDAメド・ウォッチ（医療監視窓口）の電話番号を記載しなければならない。またDTCテレビ広告には会社の消費者受け付け無料電話番号を示すか，メド・ウォッチ電話番号の記載されている印刷広告を参照するよう示さなければならない。

❹現行のガイドラインにある，新製品／新適応取得のDTC広告キャンペーン実施前に，医療専門家に教育を行うことに関して，改訂では会社側は個々に，キャンペーン実施前に独自の期間を設定するように考慮することが望まれる，とより幅広い言い方にした。

❺成人向けDTC広告の内容と実施方法については，これを強化する。すなわち，子どもには不適と思われるDTCテレビおよび印刷物広告は，視聴者の約90％が18歳以上の成人と予期されるような番組あるいは印刷物において行うようにすること。

❻現行のガイドラインにある，リスク／ベネフィット（危険性／利点）のバランスについての記述は，これを強化する。すなわち，リスクと安全性情報は，関連する黒枠囲み警告のそのままを示すとともに，利点よりも目立つように，明確，目に付くような方法で，かつ内容から逸脱しないように提示すべきである。

その他の改訂点には，●DTC広告ではオフラベル（適応外）使用を促進しないこと●患者および消費者の教育効果を測るために，DTC広告制作段階で医療専門家および消費者の声を組み入れる（フィードバック）ように考慮すること●DTCテレビ広告では伝える情報量に限りがあるので，消費者を印刷物およびウェブ媒体へ誘導してさらなる利点とリスク情報が得られるようにすること●健保無加入者および十分な健保を受けられない人々に対する救済のメッセージを入れること――などがある。

出典：海外メディカルニュース研究所・岡田哲男（2009），p. 85。

げるような広告，具体的にはベネフィットとリスクを量的に均等に扱い，消費者を惑わすような絵図の使用を避けることなどを謳っている。米国のDTC広告（特にTV広告）ではBGMと活動的で健康な人間の画像が流され，リスク情報は音声のみや字幕のみのことが多く見過ごされがちであることからのようだ*42。

2008 年当時の米国の DTC 規模，そして 2019 年と 2020 年

当時の米国のDTC規模をみてみよう。米国ではDTC広告の規模として集計されている。2008年の米国のDTC広告支出は，2007年53億3000万ドルから

43億4000万ドルへと落ち込んだ。これはDTC広告投資のリターンが満足できるレベルになかったからというわけではない。DTC広告支出が低下したことの考えられる理由としては，売上そのものの伸び率の低下や新たに上市されたブロックバスターがほとんどなかったこと，製薬業界においてDTC広告規制が継続的に議論されていることなどがあげられる[43]。

　そして現在の米国でのDTC規模はどのくらいなのだろうか。すでに日本型のDTCマーケティングが定着した感があり，あまり参考にはならないかもしれないが米国では消費財のマーケティング手法とあまり変わらない大規模なDTCが相変わらず続いている。Guttmannの集計データ[44]では，2019年が65億6000万ドル，2020年は65億8000万ドルということだから，2007年当時から20%以上増えているようだ。

[注]
＊1　HMO：Health Maintenance Organization（健康維持組織）の略。
＊2　厚生省保険局医療課監修（1995），pp. 47-58。
＊3　管理型医療のことで，HMOとPPO（Preferred Provider Organization），POS（Point of Service）などの保険に分けられる。それまでの伝統的な保険は出来高払い医療保険とも呼ばれ，医師の過剰な診療，投薬，検査が医療費高騰を招くという欠点をもっていた。それに比べてマネージドケアは管理型医療保険に導入され，医療費コストを抑制することに努めている。
＊4　廣瀬（2000），pp. 121-134。
＊5　HMOは，1999年では加入者7000万人，593地区組織，HMOより規制が弱いPPOは9000万人，802組織で，両方足すと1億6000万人，1395組織で，米国民の半分以上がMCO（マネージドケア機構）に加入していることになる（廣瀬，2000）。
＊6　ソネット・エムスリー株式会社（現エムスリー株式会社）COO（2002年9月20日当時）。
＊7　MR：Medical Representativeの頭文字の略。医薬情報担当者のことで，製薬企業が販売する医療用医薬品に関する製品情報を医師や薬剤師など医療者に提供し副作用などの情報を収集することが任務。古くは「プロパー」と呼ばれて，医療機関との価格交渉などに直接関与していたが，医療用医薬品の流通改善により，価格交渉は卸のMS（営業）に移り，現在の役割は純粋に医薬品情報の提供と副作用などの収集に変わっている。現在では，MRの資質向上のために財団法人医薬情報担当者教育センターによる「MR資格認定試験」が実施されている。
＊8　Castagnoli（1995, p. 284）も伝統的なMR数は減少する一方，HMO担当に割り当てられたMRが増加しているとしている。
＊9　消費財におけるプッシュ戦略とプル戦略の詳細については，第3章のpp. 55-57を参照してほしい。
＊10　同上。
＊11　筆者インタビュー　2002年9月20日。
＊12　三浦ら（2005），p. 3。
＊13　同上，p. 3。
＊14　同上，p. 3。

＊15　同上，pp. 3-4。

＊16　同上，pp. 4-5。

＊17　Findlay（2001）。

＊18　『月刊ミクス』（2003 年 1 月号）。同誌によれば，「FDA 調査によると，DTC 広告を見て医療機関を訪ねた消費者のうち『特定の医薬品について医師に聞いた』のは 66％，またその 48％が当該医薬品を処方された。広告された医薬品に関して患者から質問を受けた医師も，93％が歓迎の意向を表した」としている。また，同誌は，「消費者行動調査会社のイプソス IND の調べでは，DTC 広告が処方率を上げるだけでなく，継続使用の促進につながることも示している」と述べている。

＊19　Consumer Health Information Corporation（1999）。

＊20　『月刊ミクス』2000 年 3 月号，pp. 90-91。

＊21　同上。

＊22　同上。

＊23　米国の医療保険制度：米国には自由診療の伝統があり，広く一般国民を対象とした公的な医療保障制度は現在存在しない。1993 年度の医療費の負担割合は，政府が 45.7％，民間保険が 32.2％，患者自己負担が 18.0％となっている。1995 年現在，公的医療保障制度としてはメディケア（パート A，パート B），メディケイドがある。メディケアは高齢者や障害者を対象とし，メディケイドは低所得者およびその家族を対象とする（厚生省保険局医療課監修，1995）。

＊24　日本でも市販後臨床調査をニュートラルな立場で実施する会社が現れてきており，今後は日本でも DTC マーケティングで用いる客観的なエビデンス収集を第三者機関に依頼することが増えるものと思われる。第 1 章でも述べたように自作自演のデータを DTC に用いることなどあってはならないことがすでにこの時点で明示されている。

＊25　日本製薬工業協会・広報委員会（2000）。

＊26　ラン・カスター（2000）。

＊27　医療用医薬品の使用説明書ともいうべきもので，その薬の効能・効果，用法・用量，使用上の注意などが記載されている。使用上の注意には副作用や相互作用など，医師がその薬を患者に使用する際に注意しなければならない事項が詳細に網羅されている。通常は医薬品のパッケージに同梱されている。なお，日本では医療用と同じ内容が記載された患者用添付文書は存在しないが，薬品名や剤型，作用，副作用，服用方法などが簡便に書かれた「くすりのしおり」が薬局窓口で交付されている。

＊28　Holmer（1999），pp. 106-108。

＊29　『国際医薬品情報』2003 年 9 月 8 日号，p. 38。

＊30　Freeman（1998）。

＊31　Hollon（1999），pp. 109-111。

＊32　『国際医薬品情報』2003 年 9 月 8 日号，p. 38。

＊33　Consumer Reports 誌は，「DTC 広告は公共サービスを意図したものではなく，商品を売ることを目的としている」と結論づけているが，米国で抗うつ剤に関する DTC プログラム「Rhythms」を，ファイザー社から受託して当時実施している広告会社 OCC 社が，そのプログラムに加入している 6 万 5573 人の患者に対して実施した調査では，89％の患者が 7 ヶ月後もコンプライアンスがよく，88％の患者がプログラムを支持していたという（OCC 社内資料，1999）。DTC に対する賛否では，個々の DTC プログラムの内容にも大きく左右されることが考えられる。

＊34　『メディカルトリビューン』2000 年 4 月 13 日号。

＊35　『月刊ミクス』2004 年 3 月号，pp. 60-61。

＊36　『月刊ミクス』2004 年 5 月号，pp. 78-79。

＊37　ローラ・ショーン（2004）。

＊38　海外メディカルニュース研究所・岡田哲男（2005）。

＊39　『医薬経済』2005年8月15日付け。

＊40　同上。

＊41　「裏書と推奨広告」となるが，広告手法としては，ある社会的人格者が特定商品を「手形の裏書をするように」保証し，推奨する内容の広告のことをいう。米国のDTC広告では著名な医師が登場して特定の製品を保証し，推奨したりする場合が多い。

＊42　『月刊ミクス』2009年8月号，p. 93。

＊43　Niles, S（2009）pp. 6-8。

＊44　Guttmann, A.（2021）"Direct-to-consumer spending of the pharmaceutical industry in the United States from 2012 to 2020", https://www.statista.com/statistics/686906/pharma-ad-spend-usa/　2021年8月19日アクセス。

第 3 章

医薬品マーケティングと DTC マーケティング

1. 医薬品マーケティングの変化
2. IMC と DTC マーケティング
3. DTC マーケティングを取り巻く法令と自主規範

医薬品マーケティングの変化

　製薬業界にいる人は別として，一般の生活者にはなかなか分かりづらいのが医療用医薬品のマーケティングであろう。本章では，DTCマーケティングを理解していくうえで不可欠でベースにもなる，医療用医薬品のマーケティング・コミュニケーションとDTCマーケティングを取り巻く法令などについて紹介していきたい。

医療用医薬品のマーケティング・コミュニケーション

　医薬用医薬品のマーケティング・コミュニケーション手法を，DTCマーケティングが本格的に登場する以前（すなわち米国では1990年ころ以前，日本では1995年ころ以前）がどのようであったかをみてみよう。図表3-1に，医療用医薬品マーケティングを取り巻く環境要因を整理してみたが，医療用医薬品のマーケティング・コミュニケーションでは，製薬企業，卸，医師（および医療従事者），患者がその中心となる。製薬企業が製造販売する医療用医薬品は

図表3-1　医療用医薬品マーケティング環境要因

出典：Kotler, P.（1991），邦訳 p.122, 図5-1を参考に筆者が医療用医薬品用に改編した。

医療経済の中に位置づけられている。また，最終需要者である医療消費者は，疾病や傷害になって初めて医療用医薬品を消費する患者となる。

　疾病に関してはその時代により種類や内容が変わってきており，医療用医薬品もこの疾病の変化に合わせて開発が行われている。医療の性格上，医療用医薬品の製品情報には学術的な裏づけが求められる。また，医療用医薬品は各国において，製造販売に関して行政の承認が必要であり，政治的・行政的な影響も受ける。医療用医薬品のマーケティング・コミュニケーションを考えるうえで，これらの環境要因を念頭に置くことは重要である。本書では，図表3-1の中央に位置する製薬企業，卸，医師，患者の関係におけるマーケティング・コミュニケーションを考察していく。

　まず，米国におけるDTCマーケティング発祥以前の医療用医薬品マーケティングについて，前出のTom Callaghan[*1]は，次のように述べている。

　「アメリカと日本のビジネスを比べるとき，よくアメリカはドライ，日本はウェットと言いますが，医療用医薬品に関しては，まったく当てはまりません。わかりやすく言うと，製薬企業のMRによる『接待』の存在があります。アメリカでも日本と同様，処方権を持つ医師，特に高処方医への接待は過剰なくらい行われてきました。現在でもかなり行われています。1995年だったでしょうか，ある製薬企業による過剰な接待が発覚して逮捕者が出たことがありました。しかし，製薬業界をよく知る人は，その製薬企業のやったことが，特別なことだとはだれも思いませんでした」[*2]。

　1995年当時のこととは言え，現在のように米国でも日本でもDTCマーケティングが普及する以前の医療用医薬品マーケティングを知るうえで参考になるだろう。

五つのコミュニケーション手段

　Kotlerはコミュニケーション手段を広告，SP（セールス・プロモーション），PR（パブリック・リレーションズ），営業部隊，ダイレクト・マーケティングの五つに分け（図表3-2），次のように述べている。

　「広告」は，企業やその製品，サービス，あるいは企業の姿勢に対する消費者のブランド認知を高めるうえで，最も強力な手段である。「SP」は，消費者を

図表3-2　コミュニケーション手段の具体例

広告	セールス・プロモーション	PR	営業部隊	ダイレクト・マーケティング
印刷および電波媒体 パッケージ（外観） パッケージ内への差し込み 映画 カタログおよび冊子 ポスターおよびリーフレット 名簿 広告の別刷 屋外看板 ディスプレイ POP AV（オーディオ・ビジュアル宣材） シンボルマークやロゴマーク ビデオテープ	コンテスト，ゲーム，懸賞，抽選 プレミアム，ギフト サンプリング ショー，展示会 展示物 デモンストレーション リベート 低利子融資 接待 下取り交換割引 継続的プログラム タイアップ	プレスキット スピーチ セミナー 年次報告書 慈善事業への寄付 スポンサーシップ 出版 コミュニティ・リレーションズ ロビー活動 名刺・レターヘッド等 広報誌 イベント	セールス・プレゼンテーション 販売会議 報奨制度 サンプル ショー，展示会	カタログ 郵便物 テレ・マーケティング 電子ショッピング テレビ・ショッピング ファックス 電子メール 音声メール

　出典：Kotler（1999），邦訳 p. 172，図 6-4。

　行動に駆り立てる政策である。「PR」はかなり効果的であるにも関わらず，製品やサービスのプロモーションにおいて，十分に活用されていない傾向がある。その理由として，企業のPR機能はマーケティング部門外の部署に属し，そこでマーケティングPR（MPR）などが扱われているからである。マーケターたちは，PR部門に資料の提供を頼んだり，また独自にPR会社と契約しなければならない。「営業部隊」は，最も費用のかかるマーケティング・コミュニケーション手段である。「ダイレクト・マーケティング」は細分化された市場に対し，独自のデータベースを利用して効果的にアプローチすることである[*3]。

　前出のCallaghan氏の話はDTCマーケティング発祥以前の米国では，Kotlerの述べる五つのコミュニケーション手段のうち営業部隊による活動が医療用医薬品のマーケティング・コミュニケーションにおいて大きなウエイトを占めて

図表 3-3　米国の MR 数の推移

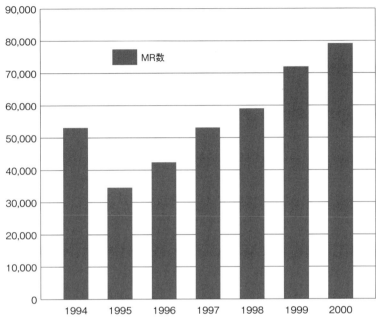

原出所：Deutsche Bank, Global Pharmaceuticals Report 2002 Outlook, PwC Estimates
出典：IBM Business Consulting Services（2002，邦訳 2003）。

いたことを物語っている。また，当時の米国の MR 総数は約 4 万人（図表 3-
3：再掲）[4] で，医師 1 人当たりの MR 数では日本より少ないにもかかわらず国
土が広いため，日本のようにすべての医師に対して MR が頻繁に訪問すること
ができず，そのため医学専門雑誌を使った製品広告も活発に行われていた。日
本の医学専門雑誌ではなじみの薄かった「マルチ広告」や「ブックインブッ
ク」[5] などの広告手法も当時の米国では一般的であった。

　Castagnoli は 1950 年代から 1993 年にかけて製薬企業の広告・プロモーショ
ン[6]，情報伝達プログラムへの支出が着実に増加したことを，次のように指摘
している。

　「第一線の販売力としての MR は何十倍にも増やされ，専門誌広告は，1 ペー
ジの製品広告からカラー版の複数ページ単位の掲載になり，広告掲載需要を満
たすために多くの出版物が発刊された。そして新たなプロモーション手段とし

て，処方箋用紙や健康記録用紙への広告，自動車や事務所や家庭のためのオーディオテープとビデオテープ，ケーブル TV，FM ラジオ，多様な形式の導入プログラムなどが作り出された。これらは，すべて製薬企業の（製品に関する）メッセージを処方者の心に留めておこうとするものである。米国の驚異的な医療品販売高は 1954 年の 13 億ドルから 1994 年に 548 億ドルに達し，広告やプロモーションの急成長を支えてきた」[7]。

DTC マーケティング発祥以前において，米国における医療用医薬品のコミュニケーションのターゲットは，あくまでも処方権を持つ医師が中心であったことは明らかである。

ターゲットは処方権を持つ医師だった

次に日本における医療用医薬品マーケティング・コミュニケーションの変遷についてみてみよう。日本の医療用医療品のプロモーション[8]について，日本における医薬品マーケティングを体系化し著した佐賀は，ユーザー[9]を医師，薬剤師とし，そのうえで「ユーザーに働きかける内容および手段を，企業が持つ資源（ヒト，モノ，カネ，情報，スキル）の組み合わせにより具体化する政策の内容をプロモーションという」[10]としている。また，「医薬品企業のプロモーションの特徴は，ユーザーとの Two Way，対面コミュニケーションが中心であり，これは，医師が直面する治療上の問題解決を中心とするからだ」[11]と述べている。

佐賀は，医薬品企業のプロモーション手段をディーテリング[12]と非ディーテリングに分けている（図表 3-4）。ディーテリングには，MR によるディーテリングと学術専門者によるディーテリングがある。また，非ディーテリングとしては，ディーテリング以外のプロモーションが含まれ，研究会，講演会，シンポジウム，PMS 治験，医学雑誌への論文掲載，DM，専門誌広告，学会展示，医師勉強会，学会開催と応援，研究助成，卸説明会と勉強会，卸 MS によるディーテリング，文献検索サービス，文献提供などがある。そして，MR が用いるプロモーション・ツールとして，添付文書，パンフレット，リーフレット，文献集，学術映画・ビデオ，プロモーション用ビデオ，記念品，販促用ギブアウェイなどをあげている[13]。

図表 3 - 4　医薬品企業のプロモーション手段の分類

〔1.　ディーテリング〕
・MR によるディーテリング ・学術専門者によるディーテリング
〔2.　非ディーテリング〕
・研究会（開発時，発売後）　・講演会（発売時，発売 6 ヵ月後） ・シンポジウム（学会，製品）　・PMS 治験　・医学雑誌への論文掲載 ・DM　・専門誌広告　・学会展示　・医師勉強会　・学会開催と応援 ・研究助成　・卸説明会と勉強会　・卸 MS によるディーテリング ・文献検索サービス，文献提供

出典：佐賀（1993），第 13 章をもとに筆者が整理し作成した。

　数年前までは DTC 以外のマーケティング・コミュニケーションとして，これらはそれほど変化がなかった。これに加えて PC やインターネットの普及により，Web サイトや e-Detailing，CD-ROM や DVD などのデジタルメディアが登場してきていたが，2020 年に起きた新型コロナウイルスの感染拡大によって MR の活動も大きく変わることになった。それまでは医療者に対する面談は佐賀が言うように直接会うリアル面談がほとんどで，それが絶対というように考えられていた。これが，新型コロナウイルスの感染状況が長引くにつれて医療機関へのリアルの訪問面談が規制されたり自粛されて，リモートによる面談の比重が増えることになった。2021 年 8 月のミクス Online によると，リモート面談の最適な実施頻度は「全てリモートでも良いと回答した医師が 2021 年 4 月調査で 23.0％となった」[14] と伝えている。社会全般的にコロナ下で在宅勤務によるリモートワークやリモート会議などが一般的になってきており，インターネット環境の進展やスマートフォンの普及も相まってこの流れは，新型コロナウイルスの感染状況が収束したとしても今後進むことはあっても戻ることはないだろう。

　日本においても，DTC マーケティングが導入される前は医療用医薬品のコミュニケーション・ターゲットは，あくまでも処方権を持つ医師が中心であった。また，医療用医薬品プロモーションは佐賀の分類からも，営業部隊による医師に対するディーテリングが大きなウエイトを占め，製薬企業と患者との直接のコミュニケーションはその当時には見当たらない。従来の医療用医薬品

図表3-5 従来の医療用医薬品マーケティング・コミュニケーションの流れ

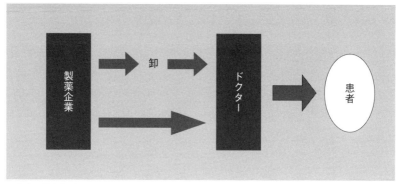

出典：筆者作成。

マーケティングでは，製薬企業はコミュニケーション・ターゲットを医師および医療従事者においており，他に流通として卸の存在があるだけである。患者と接するのはあくまでも医師であり，患者向けの「患者向け小冊子」などは医師の患者指導のサポートを目的としており，当時の疾患啓発ポスターや患者向け小冊子などは，すべて医療機関の医師経由で患者に提供または露出されていた[16]（図表3-5）。

2. IMC と DTC マーケティング

DTCマーケティングを考えるうえで，マーケティング・コミュニケーションの一般理論の枠組みを用いて考えることは重要である。本節では多くの消費財企業で広く用いられている統合型マーケティング・コミュニケーション（IMC）を概説し，この概念を用いて IMC と DTC マーケティングの関係を考えていきたい。

統合型マーケティング・コミュニケーション（IMC）とは何か

IMC とは，AAAA（米国広告業協会）によると，「広告，ダイレクト・マーケティング，SP（セールス・プロモーション），PR（パブリック・リレーショ

ンズ）といったあらゆるコミュニケーション手法の戦略的な役割を活かして組み立てられた包括的コミュニケーション計画の付加価値を認め，かつこれらの手法を合体することにより，明晰で一貫性があり，最大効果を生むコミュニケーションを創造すること」[16] と定義されている。

　しかし，「細かな位置づけに関しては，発祥の地アメリカでもまだ統一を見ていないようである」[17]。

　Schultz は次世代 IMC の定義として「IMC とは，消費者，顧客，潜在顧客，従業員，同僚およびその他の社内外の関係者を対象に，目的を持ち，測定が可能で説得力があるブランド・コミュニケーションを企画，展開，実行，評価する戦略的ビジネスプロセスである」[18] としている。Percy は IMC を「理論と実践の一つの方法として，マーケティング・コミュニケーション戦略にとりかかるときの一策である」[19] としている。岸らは，「IMC とは，複数オーディエンスを対象として，購買意思決定過程の段階に沿って，複数の媒体により，相互作用を含めてコミュニケーションする手法である」[20] としている。

　従来，コミュニケーションはマーケティングの一構成要素であり，下位概念であるとするのが一般的認識であった。一連のマーケティング・サイクルの中で，広告をはじめとしたコミュニケーション活動は，販売支援の手段とされてきた[21]。しかし，マーケティングのパラダイムが変貌[22] するのに伴い，コミュニケーションの新しい役割が脚光を浴びている。Kotler は，「IMC がより一貫性の強いメッセージを作り出し，より大きな販売効果を生むのは確かである」[23] としている。IMC をブランドの構築のためのアプローチとする考えもある。Iacobucci は，「消費者はたった一つのメディアを通して製品を知るのではなく，いろいろなメディアを利用している」[24] として，「複雑な環境のなかでブランドが埋没しないように統合的な方法でマーケティングを行い，コミュニケーションを行うことは，将来における課題である」[25] としている。また，Duncan も IMC を用いた広告とプロモーションがブランドを構築すると述べている[26]。

　IMC により何を統合するかという視点について，有賀は，「横または幅（breadth）」と「縦または奥行き（depth）」の二つの基本的な座標軸をあげている（図表 3-6）。「横の統合」とは，マーケティング・コミュニケーションの

図表3-6　縦の統合と横の統合

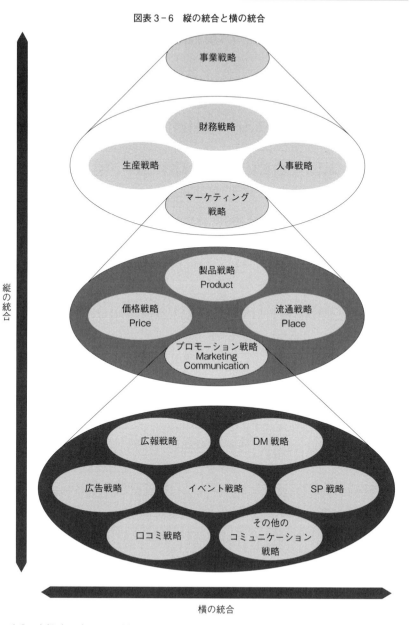

出典：有賀（1996），p.31，図1。

各種手段の最適な水平統合である。「縦の統合」とは，狭義のマーケティング・コミュニケーションだけでなく，人事や生産，あるいは企業提携など企業活動全般までを視野に入れた政策の統合である[*27]。

　また，有賀はIMCの基本アプローチとして次の五つをあげている[*28]。

①ファクト対パーセプション

　消費者の購入判断は必ずしもファクト（事実）に基づくのではなく，パーセプション（認識）に基づく部分が大きい。

②アウトサイド・イン

　徹底的な顧客発想でマーケティング・コミュニケーションを再構築する。

③顧客選別

　顧客は平等ではない。限られたコミュニケーション予算を効率的に投下するには，貢献度の高い顧客，優良顧客を厚く遇することが理にかなっている。

④行動へのインパクト

　顧客が取る行動を漠然と予測するのではなく，顧客がどういう情報に接してその行動を起こしたかという分析から，マーケティング・コミュニケーション戦略を策定する。

⑤アカウンタビリティ

　キャンペーンで得られた教訓，ノウハウを科学的な手法で次の戦略策定にフィードバックさせていく。

　そして，有賀はIMC戦略を構築する際の留意点を，以下の3点に整理している[*29]。

①ある特定のコミュニケーション手段に与しない。

②ストーリー性と関係者の巻き込み。

③情報技術の活用は積極的に，だが消費者とのインターフェースは慎重に。

IMCとDTCマーケティングの関係

　IMCとDTCマーケティングとの関係を考察するために，まずIMCについての先行研究をみてみよう。実際にIMCを計画立案し，推進していくことはコミュニケーション・ミックスという性格上から非常に難しい作業を有する。Percyは，IMCが必要となる要因を，

①ターゲット・オーディエンスの複雑性。

②流通の複雑性。

③消費者がたどる商品購入意思決定プロセスの複雑性。

④短期的コミュニケーション目標対長期的コミュニケーション目標。

⑤市場セグメント明確化の必要性。

⑥複数のそれぞれ異なるメッセージを伝達する必要性。

⑦特徴的なそれぞれ異なるメッセージを伝達する必要性。

⑧流通業者向けインセンティブの利用の可能性。

⑨小売店向けメッセージの重要度の度合い。

の九つの場合があるとしている*30。

　岸らは，前出の Percy をもとに IMC が有効になる条件を以下のように四つにまとめた*31。

①ターゲット・オーディエンスの複雑性。

②製品・サービスの複雑性。

③流通チャネルの複雑性。

④コミュニケーション目標の複雑性。

　次に岸らの四つの有効条件を用い，IMC と DTC マーケティングを対比してまとめたのが，図表3-7である。岸らは，①の「ターゲット・オーディエンスの複雑性」では，購買意思決定に複数の人が関与していたり，ニーズの異なる複数セグメントが存在する場合をあげているが，DTC マーケティングにおいては，医師を中心とした医療従事者と医療消費者の大きく二つのターゲットが存在する。

　②の「製品・サービスの複雑性」では，ハイテク製品や革新性の高い製品，多様な仕組みのある製品などをあげているが，医薬品は人体内で薬の持つ複雑な作用機序によって作用する。またすべての人で微妙に作用が違い人によっては副作用が発現する場合があるなど，服用には医師や薬剤師の詳しい説明が必要なので十分複雑な製品と言うことができる。

　③の「流通チャネルの複雑性」では，流通業者が購買決定に大きな影響を持つ場合をあげている。医薬品の場合，日本では流通業者というと医薬品卸を想像しがちであるが，筆者は医療用医薬品を消費財とみなした場合，医療機関そ

図表 3-7　IMC が有効となる条件と DTC マーケティングの特徴との比較

IMC が有効となる条件	DTC マーケティングの特徴
①ターゲット・オーディエンスの複雑性	
ニーズの異なる複数セグメントの存在	医療従事者と医療消費者（患者・生活者）の存在
②製品・サービスの複雑性	
ハイテク商品や革新性の高い製品	医薬品という生命に関わる重要な製品
③流通チャネルの複雑性	
流通業者が購買決定に大きな影響力を持つ	処方権を持つ医療機関を流通業者とした場合，購買決定に強力な影響力を持つ
④コミュニケーション目標の複雑性	
長期的ブランド構築と短期的な行動喚起など異なる目標の達成	潜在患者の発掘，早急な受診促進と疾病管理による長期服薬コンプライアンス維持

出典：岸ら（2000）を参考に筆者作表。

のものが流通業者の小売店として位置づけられると考える[*32]。そして，流通業者としての医療機関（医師）は，医療消費者に対して，処方権という強力な権限により医療用医薬品の一方的な購買決定を行うことになる。

　④の「コミュニケーション目標の複雑性」では，長期的なブランド構築と短期的な行動喚起などのように異なる目標の達成をあげているが，DTC マーケティングでも DTC 広告などの利用による潜在患者の発掘と受診促進という目標と，医療機関を訪れて確定診断された患者に対して長期的（または一定期間）の服薬コンプライアンスや定期的通院を維持させる目標と，異なる目標の達成が必要である。

　以上のことから，DTC マーケティングは IMC の枠組みによるマーケティング・コミュニケーション手法を踏襲した典型的なコミュニケーション手法であるということが分かる。

　DTC マーケティングを考えていくうえで，理論枠組みのベースとなる IMCを十分理解する必要がある。また，IMC ではコミュニケーション手段だけを統合するのではなく，マーケティングの 4P すべてを統合しなければならないことが分かる[*33]。製薬企業の重要な資産である営業部隊（MR）との連携は，IMC としての DTC マーケティングを行ううえで不可欠と言える。DTC マーケ

ティングにより患者の受診が適正に促されても，患者を診る医療機関サイドが
その疾患や治療薬を提供している製薬企業の製品のことをよく分かっていない
と，違った診断や違った製品が処方されることになる。このため，DTC マーケ
ティングに統合された MR によるブランド・マーケティングも非常に重要であ
る。

DTC マーケティングは，IMC の中で生きてくる

　DTC マーケティングは IMC の枠組みによるマーケティング・コミュニケー
ション手法を踏襲した典型的な手法であるということが分かったが，IMC とし
ての DTC マーケティングの有効性を IMC に関する先行研究を通じて考察して
みよう。嶋口は，IMC の効果について次のように述べている[34]。
①コミュニケーションを統合することによって顧客への統一的なメッセージを
作り，コミュニケーション・コストないし投資の削減や，無用な顧客イメージ
の混乱回避を行える。
②各コミュニケーション・メディアの有機的組み合わせによって，新たなコ
ミュニケーション・シナジーも期待できる。

　しかし，嶋口は「現実に IMC の概念を花咲かせるには課題が多い」[35]と述べ
ており，「統合の結合理念やコア概念をどう設定するのか，統合化にどの程度
の柔らかさや冗長性を入れるべきか，具体的な手法をいかに開発するかなど，
これからの解決すべきテーマも多いが，今後の理論化，手法化によっては魅力
的な研究分野である」[36]としている。AAAA が述べているように発祥の地米
国でもこれらのテーマは統一されておらず，今後のさらなる研究が待たれ
る[37]。先行研究に IMC の事例として米国における初期の DTC マーケティング
と解釈できるものがあげられているので，これを紹介する。

　Percy は「トランジションズ・コンフォート・レンズ」の事例を紹介してい
る。この事例で，Percy は「戦略的に優れた内容の IMC プログラムを開発でき
た場合，そこからいかに大きな力が発揮されるかが分かる」[38]と述べている。
消費者と流通業者としてのアイ・ケア専門家が，ターゲット・オーディエンス
として設定されており，「レンズを生産財として考えた場合はアイ・ケア専門
家に対する『プッシュ戦略』，消費財として考えた場合は患者に対する『プル

戦略』の展開が必要であり，双方を対象とした積極的なマーケティング・コミュニケーションが要求される」[*39] としている。そして，「IMC という視点に立ってプランニングを行い，効果的なコミュニケーション活動が行われ，あらかじめ設定されたマーケティング目標をはるかに上回る成果が達成された」[*40] と述べている。ここでは，「あらゆるコミュニケーション活動をある特定の部門で集中して管理するという方法が採用され，あらゆるマーケティング・コミュニケーション活動に関する十分な知識が備わっていたからこそ大きな成果が実現された」[*41] としている。Kotler, et al. も統合型マーケティング戦略を実現するために，自社のコミュニケーション全般に責任を持つマーケティング・コミュニケーション管理者を任命することが必要であるとしている[*42]。

　Kotler は，事例としてワーナー・ウエルカム社抗ヒスタミン剤「ベナドリル」をあげている。「同社は，この薬をアレルギーに苦しむ人向けに販売したいと考えていた。そこで，広告と PR によってブランド認知を高め，また，各地域の花粉情報を伝えるフリーダイヤルの番号を広告した。このフリーダイヤルに 2 回以上電話すると製品の無料サンプル，クーポン，製品についての詳細な資料，さらにアレルギーに上手に対処する方法やアドバイスを盛り込んだニュースレターがもらえる仕組みになっていた。彼らのもとには，いまでもニュースレターが届けられている」[*43] と述べている。

プッシュ戦略とプル戦略と IMC

　Percy は「トランジションズ・コンフォート・レンズ」の事例でプッシュ戦略とプル戦略の両方を組み合わせることを IMC としているが，これを分かり易く図にしてみよう。図表 3−8 は消費財における IMC を示したものである。プッシュ戦略では，メーカーの営業が卸問屋に自社商品をたくさん扱って欲しいと働きかけ，小売店には自社商品をなるべく有利に店頭において欲しいと働きかける。その際小売店に，新商品の発売キャンペーンで 1 ヶ月間 TV や新聞・雑誌で広告を大量に露出することなどを伝えて「お客さんはこの期間たくさん来店します」と伝えたりする。またプル戦略では，営業によるプッシュ戦略が十分に浸透したタイミングで計画的に広告を出稿していく。図表 3−9 は同じ枠組みを DTC マーケティングにあてはめたものである。消費財とその構

図表3-8　プッシュ戦略とプル戦略と IMC

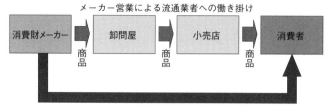

出典：筆者作成。

図表3-9　プッシュ戦略とプル戦略（DTC マーケティングの場合）

出典：筆者作成。

造は全く変わらないのが分かるだろう。小売店が医療機関になるだけである。筆者が DTC マーケティングを日本で紹介し始めたころは，この「医療機関」が消費財の「小売店」に該当するという考えをなかなか理解してもらえなかった。小売店は扱う商品の専門家（専門業者）と言うことができ，医師というスペシャリストが医療を専門に提供する医療機関はいわば医療の小売店とも言えるだろう。前述の Percy もアイ・ケア専門家を流通業者と言い切っており，このことからも医療機関はプッシュ戦略の対象となる流通業者／小売店に該当す

ると考えるのが自然である。

　このようにみていくとDTCマーケティングは，製薬業界だけにしかない特殊なマーケティング手法ではなく，IMCの理論枠組みを用いて説明できるのでほかの産業で使われているIMCの事例などを研究すればDTCマーケティングに良いヒントがたくさん得られるだろう。

J&J社の成功事例に学ぶ

　Duncan, et al. は，メディアの完全統合に成功した例として米国 Johnson & Johnson 社（以下「J&J」）の使い捨てコンタクトレンズ「アキュビュー」のキャンペーンを紹介している。「顧客および流通データベースが運営の軸となり，これらを利用してJ&Jは，同社と潜在患者と地元の眼科医の三者それぞれの関係性を管理していった。具体的なキャンペーンは，まず，マスメディアを使った積極的なプル戦略によって，潜在顧客がJ&Jに名乗りをあげるように働きかけた。次に，名乗り出た潜在顧客が地元の眼科医のところに出向くように，コンタクトレンズのトライアル使用に対するインセンティブを用意した。J&Jが活用したマーケティング・コミュニケーション・ツールは，新製品発売を告知するためのマスメディア広告，『安全』という信頼性メッセージを発信するためのPR活動，流通に対するテレマーケティング，継続的に情報を提供しつつ関心を喚起するための流通および消費者向けのダイレクトメール，トライアルとリピート購入を促進するためのクーポンプロモーションなどだった」[44]。

　日米における法規制の違いや時代の進展などから，これらの事例をそのまま日本の医療用医薬品（医療機器）に当てはめることはできないが，IMCの成功事例として医療関連製品がこのようにとりあげられていることは，IMCとしてのDTCマーケティングの有効性を物語るものと考える。

　筆者は，DTCマーケティングの大きな目的の一つとして患者の長期服薬コンプライアンスの維持[45]もあると考え定義に入れているが，このためのコミュニケーション手法はまさしく一般消費財の顧客ロックイン[46]と同じ手法ではないかと考える。医療消費者をロックインするということは，長期的に見てコミュニケーション・コストの削減効果があると考える（図表3-10）。CRM

図表3-10　医療消費者（患者・生活者）ロックインの効果

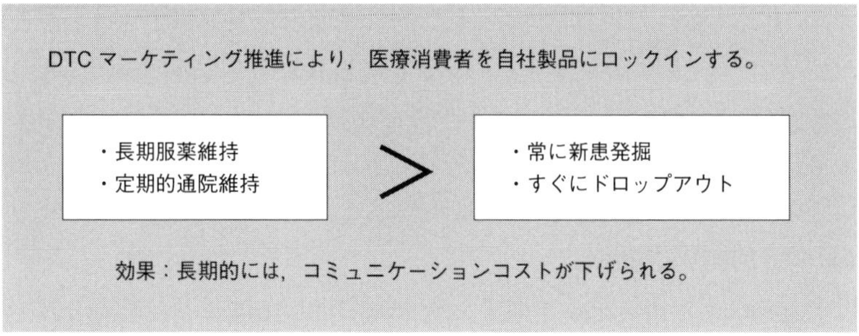

出典：筆者作成。

（Customer Relationship Management：顧客関係性のマネジメント）の概念による患者ロックインについては，拙著『新版DTCマーケティング』*47第6章を参照されたい。

IMCとクロスメディア

DTCマーケティングでも「クロスメディア」が当然のように行われるようになってきている。TVスポット広告などDTC広告を中心とした提案を広告代理店がすることは少なくなってきているようで，多くの製薬企業でDTCはクロスメディアで推進ということが，しっかりと認識されてきている。とくに製薬企業では医師とのコミュニケーションでいち早くWebサイトを利用したこともあり，Webサイトもメディアの一つという認識はすでに確立されている。

クロスメディアというと単に複数のメディアをクロスさせて展開するという意味にも捉えかねられないが，これだとメディアミックスと変わらず正しくない。電通ではクロスメディアを「ターゲットを動かすためのシナリオ（導線）づくり。すなわち，ターゲットインサイトやメディアインサイトに基づいて，広さ（リーチ＆フリークエンシー）と深さ（関与が高まる度合い）を考えたコミュニケーションのシナリオ（導線）を，複数のコンタクトポイントを効果的に掛け合わせ作ること」*48と定義している。

筆者も本節で，DTCはIMC（統合型マーケティング・コミュニケーション）であると述べたが，電通のクロスメディアの定義でも「IMCの中で，とくにコ

ンタクトポイントを掛け合わせた仕掛けに着目したプランニング手法のこと」*49 と解説されている。IMC の中で，医療消費者や潜在患者などとのコンタクトポイントをよく考えたうえで巧みに組み合わせて最大限の効果を求めていくことが DTC におけるクロスメディアであると言えよう。

3. DTC マーケティングを取り巻く法令と自主規範

　2005 年 3 月に初版「DTC マーケティング」を上梓してから本書の発行までにすでに 16 年の月日が流れている。この 16 年間に製薬業界自体と取り巻く環境が大きく変化したことは間違いない。本書は DTC マーケティングがテーマであるので全般的な業界の変化を細かく述べるつもりはない。そのあたりは業界紙誌を通じて読者諸氏の方がよく理解されているものと思う。

　本節では，DTC マーケティングを取り巻く法令と製薬業界における自主規範について簡潔にまとめて述べて行きたい。

薬事法から薬機法へ

　長らく製薬業界に関わる基本の法律は薬事法であった。それが平成 26 年（2014 年）11 月に改正され名称が「薬事法」から「薬機法」に変わった。薬機法では従来の薬事法から引き続き医薬品，医療機器の品質と有効性および安全性を確保する目的のほか，医薬品や医療機器の製造，表示，販売，流通，広告などについても細かく定めている。今回の改正は，医薬品や医療機器などを取り巻く社会環境の変化，そして再生医療等製品の登場に対して法的に対応する必要があったためであった。改正により，従来の医薬品などに加えて再生医療等製品も規制対象となったほか，安全性に関する規制も強化されている。

　まずこの薬機法で注目しないといけないのは，第 1 条第 6 項に（国民の役割）が謳われたことである。「国民は，医薬品等を適正に使用するとともに，これらの有効性及び安全性に関する知識と理解を深めるよう努めなければならない」*50 とされており，日本国民は法律により医薬品に関する知識と理解について努力義務が課されたことになる。DTC マーケティングにより製薬企業から

情報の提供を受け取る国民にはこのような義務があることを大前提として知っておく必要がある。

　医薬品にかかわる広告規制は薬機法の第66条（虚偽・誇大広告の禁止），67条（特殊疾病用の医薬品及び再生医療等製品の広告の制限），68条（承認前の医薬品，医療機器及び再生医療等製品の広告の禁止）に定められている。これらの条文は薬事法時代から大きく変わってはいない。DTC マーケティングで特に重要となるのは第67条になる。全文を掲げると「政令で定めるがんその他の特殊疾病に使用されることが目的とされている医薬品又は再生医療等製品であって，医師又は歯科医師の指導の下に使用されるのでなければ危害を生ずるおそれが特に大きいものについては，厚生労働省令で，医薬品又は再生医療等製品を指定し，その医薬品又は再生医療等製品に関する広告につき，医薬関係者以外の一般人を対象とする広告方法を制限する等，当該医薬品又は再生医療等製品の適正な使用の確保のために必要な措置を定めることができる。2　厚生労働大臣は，前項に規定する特殊疾病を定める政令について，その制定又は改廃に関する閣議を求めるには，あらかじめ，薬事・食品衛生審議会の意見を聴かなければならない。ただし，薬事・食品衛生審議会が軽微な事項と認めるものについては，この限りでない」[51]となっている。この条文では「がんその他の特殊疾病に使用されることが目的とされている医薬品」とされており，すべての医療用医薬品に関する広告の禁止とはなっていないが，この条文を前提にして定められたのが平成29（2017年）年9月に厚生労働省から通知として発出された「医薬品等適正広告基準」[52]（以下「適正広告基準」）である。これはそれまで長く医療用医薬品の一般人への広告を禁止するための規制に適用されてきた昭和55年（1980年）10月9日発出の「厚生省薬務局長通知」に変わるものである。この適正広告基準の第4条第5項（医療用医薬品等の広告の制限）(1)に「医師若しくは歯科医師が自ら使用し，又はこれらの者の処方せん若しくは指示によって使用することを目的として供給される医薬品及び再生医療等製品については，医薬関係者以外の一般人を対象とする広告を行ってはならない」[53]と定めている。同第2条では対象となる広告について「この基準は，新聞，雑誌，テレビ，ラジオ，ウェブサイト及びソーシャル・ネットワーキング・サービス等のすべての媒体における広告を対象とする」[54]としている。こ

の適正広告基準については，同日付で「医薬品等適正広告基準の解説及び留意事項等について」[*55] も発出されており詳細な解説がされているが，「医療用医薬品等の広告の制限」に関する部分は製薬企業にとっては自明のことばかりなのでここでは説明はしない。

　このように法令により一般人に対する広告が規制されているなかで DTC マーケティングを実施する際に気をつけなければならないことに広告の該当性についての「広告三要件」がある。これは平成 10 年（1998 年）9 月に厚生労働省から発出された「薬事法における医薬品等の広告の該当性について」[*56] に明記されている。以下がその三要件である。
① 　顧客を誘引する（顧客の購入意欲を昂進させる）意図が明確であること。
② 　特定医薬品等の商品名が明らかにされていること。
③ 　一般人が認知できる状態であること。

　これら三要件の一つにでも抵触すると，広告とみなされる訳である。日本における DTC マーケティングでは，製品そのものではなく疾患や治療法にフォーカスした「疾患啓発活動」が中心であるので，この三要件に抵触するようなことは普通はないだろうと考えるかもしれないが，第 5 章第 2 節でも詳しく述べるが「広告」という名称がついていなくても「広告にみえない広告」が一般消費財のマーケティングではよく行われており，広告会社などから企画の提案があった際にはその内容をよく見極めなければならない。「広告」という名称でなくても実質的に広告とみなされればこの三要件に抵触してしまうことを覚えておいて欲しい。

日本製薬工業協会について

　製薬業界の自主規範について説明する前に自主規範を発出している業界団体である日本製薬工業協会（以下「製薬協」）に触れておこう。製薬協は研究開発志向型の製薬企業 73 社（2021 年 7 月 1 日現在）が加盟する任意団体である[*57]。一部の外資系製薬企業を除き，日本国内で DTC マーケティングを実施あるいは予定する製薬企業はほぼこの製薬協の加盟社と考えてよい。製薬協では理事会の下にコード・コンプライアンス推進委員会を設けており，「製薬協会員各社におけるコンプライアンスの推進を図るとともに，製薬協コード・オブ・プ

ラクティスを管理運営し，且つ会員各社のコード遵守推進活動を支援」[58] している。少し前まではプロモーションコード委員会が同じ位置にあったがこれを包含して現在の委員会となっている。コード・コンプライアンス推進委員会では，「製薬協コード・オブ・プラクティス」[59]（以下「製薬協コード」）を 2013 年に制定し 4 月実施している。その後，2017 年，2018 年，2019 年と改訂され現在も業界内の自主規範として機能している。製薬協コードの対象は，会員社の役員，従業員が研究者，医療関係者，患者団体，卸売業者等に対して行うさまざまな企業活動全般となっており[60]，広範な企業活動を範囲としている。この I-1. 製薬協コードの第 12 条には「患者団体との協働」が定められているが，あくまでも患者団体とのやりとりのことであり，一般人への DTC マーケティングによる情報提供に関しての記載は見受けられない。同じく I-2. 医療用医薬品プロモーションコードが定められているが，こちらは医療関係者に対するプロモーション[61] に関することが主であり，一般人に関連する記載は第 7 条の最後に「医薬関係者以外の一般人を対象に疾患啓発情報を提供する目的で講演会等を企画する場合には，医薬品医療機器等法および医薬品等適正広告基準等に留意して実施する」とあるのみである。医薬品等適正広告基準については前述の通りである。筆者が知る限り業界内における DTC マーケティングに関連する網羅的な自主規範は，第 7 章で説明をする「疾患啓発綱領」のみである。

業界内自主規範の変化

　第 1 章では，DTC 活動の行き過ぎへの批判から製薬企業を取り巻く環境の変化を述べたが，行き過ぎたいくつかの事件が発生したのを受けて製薬業界内の自主規範も大きく変わってきたことが分かる。この種の自主規範は常に変わるもので，本稿で述べたことが不変であるとは限らない。しかし，いままでなかった DTC に関連する業界内自主規範の通知も新たに発出されているので紹介しておくとする。

（平成 27 年 1 月 6 日製薬協発第 6 号）

通知「テレビや新聞等のメディアを利用した情報発信活動いわゆる疾患啓発広告とタイアップ記事（広告）について」

　DTC マーケティングの普及によって行き過ぎた DTC 広告に対して医療関係

者だけでなく一般からの指摘も出てきたことから製薬協では標記の通知を発出して注意を促している*62。内容は大きく DTC 広告とタイアップに分かれているが，タイアップ記事（広告）に関することは，第 5 章第 2 節「広報と広告の違い」で詳しく述べているのでそちらを参照して欲しい。

　医薬品に関する広告の規制は薬機法の第 66 条から第 68 条までに規定されていることはすでに述べた。適正広告基準により医薬関係者以外の一般人への広告も禁じられている*63。これを踏まえて日本製薬工業協会からの通知にある以下の点に注意をする必要がある。DTC 広告の制作を委託する外注先企業まかせにすることなく製薬企業の社内でしっかりとチェックしておくべきことである。

(1) 特定の医薬品の広告と解釈されないよう，広告内容は，疾患の説明を原則とする。また，疾患に対する対処法は公平かつバランスよく提示し，必要な場合は医師または医療関係者への相談を促す内容を盛り込むことができる。

　好ましくない表現の一例として，「くすりで治せるようになりました。」があげられている。疾患の治療は薬物療法だけには限らない。食事療法や運動療法などもあるはずである。また，薬物療法の提示でも自社の医薬品がそれまでになかった新しい経口剤である場合など，「飲み薬で治せます」などとするのも対処法をバランスよく提示しているとは言えないだろう。「新しい治療法が登場しました」だけを広告の中で訴求するのも公平かというと疑問である。

(2) 病気の診断は，症状だけで決まるものではなく，検査等を含めて医師が総合的にすべきものと考える事から，その症状等が確実に病気であるかのような印象を与える表現はしないこと。

　好ましくない表現の一例として，「このような症状は○○疾患です。」があげられている。特定の症状をあげて病気と断定する表現は好ましくないのは当然のことであろう。いわんやその疾患の主症状ではない症状をあげて当該疾患を連想させるような表現方法は，断定をしていなくてもすべきでないことは明白である。

(3) 疾患のリスクを説明する際には，たとえ医学的に正しい内容であっても表現に細心の注意を払い，特定の疾患や症状が必ず発症・発現するような誤解を防ぐこと。

好ましくない表現の一例として，「<u>放置すると慢性化します。又は重症化し死に至る恐れがあります。</u>」があげられている。

潜在患者に自らの疾患を認識させ医療機関へと受診させることはとても難しいことで，時として疾患に関する「恐怖訴求」をすることで，受診を促そうと考えるかもしれないが，疾患のリスクを丁寧に説明し説得しようとすることと恐怖訴求をすることは別のことだと考える。恐怖訴求は文字によるメッセージだけでなく，音や映像を用いて不快な訴求をすることもDTC広告ではすべきでないと常に筆者は考えていたが，第7章で紹介する疾患啓発（DTC）研究会による「疾患啓発綱領」にも，行動基準の「(5) 不安・不快にさせる表現や繰り返しの排除」の部分に明記されることになった。

(4) <u>過度な期待を与える可能性があるので，医療機関で治療を受ければ必ず治るような印象を与える表現はしないこと。</u>

好ましくない表現の一例として，「<u>治療前後の過度な期待効果を視覚的・聴覚的に示すこと。</u>」があげられている。

この通知が発出される前は，病気で苦しむ陰鬱なイメージから治療後の明るくさわやかなイメージを極端に対比するような広告表現もあったことからこのような注意が出されたのだと考える。しかし，過度な期待は確かによくないが，治療後症状が改善するイメージは表現したいと思うだろうから，この判断は難しいと思う。

ここで，注意しなければならないのはDTC広告の内容をKOLなどその領域の権威のある医師にみてもらい学術的な面からの監修を受ければそれでよいということではない。確かにそれも必要ではあるが，医師はその広告の内容が医学的に正しいかどうかという判断基準でみており，前述の製薬協からの通知の注意点などについてはほとんど承知をしていないと思った方がよい。通知にある注意点については製薬企業自身が十分理解をして，社内でしっかりと判断すべきである。これを制作を委託する外注先企業やKOLの監修に期待することがあってはならない。

（平成28年7月15日製薬協発第497号）
「ホームページへのコンテンツ掲載に関する指針」のお知らせ，添付資料「ホームページへのコンテンツ掲載に関する指針」

　前出の平成 27 年の通知の翌年，今度は製薬企業の提供するホームページに
掲載する各種のコンテンツについて指針が策定され，お知らせが発出され
た*64。この指針は製薬企業の提供するホームページすべてを網羅しており，
DTC マーケティングにおいて構築される疾患啓発サイトに関してもはっきり
と基準が明文化されている。第 6 章「疾患啓発 Web サイトの重要性とインター
ネットの活用」にもこのお知らせと指針については解説をしている。

　この指針では，定義を明確に示しており「広く一般人を対象とした情報」の
定義では，「医療用医薬品の広告に該当しないコンテンツである」*65 と明記し
ている。そして関連法規と自主規範を遵守して作成するように求めている*66。
製品や疾患に関心のある一般人を対象としたコンテンツについては，特定の医
療用医薬品の推奨につながる表現はできない*67 と明確に定めている。また，
コンテンツ掲載にあたっての留意点を 11 個具体的に示している。加えて，掲載
するコンテンツについては営業部門から独立した社内の主管部署により事前に
審査をすることも謳っている*68。このお知らせが発出されるまで業界内の自
主規範は紙媒体や印刷物に対するものが基本で Web サイトやインターネット
を利用したツールについては明確な定めがなかった。このため，ホームページ
は印刷物とは違うという勝手な解釈や明確な規定がないから多少のルール違反
も大丈夫などという事案もあったようだ。このお知らせが発出されたことによ
り，医療関係者向けのコンテンツとともに一般人を対象としたコンテンツにも
規範が明示されたことは良いことだと思う。しかし，規範にあまりにも過敏に
なるがために，本来医療消費者（患者）に対して提供しなければならない重要
な情報まで提供を控えるようになってしまっては本末転倒ではないかと考え
る。コンテンツ掲載の審査にあたっては，その情報は患者から望まれている情
報かどうかという視点も是非加味して欲しいと願う。

　本節では，DTC マーケティングを取り巻く法令と自主規範について述べて
きたが，第 1 章でも詳細に述べたように製薬業界を取り巻く環境は激変し，社
会はかなり厳しい視線で業界をみていると考えてよい。だからと言って本来患
者に伝えなければならない情報を伝えることを控えてしまっては製薬企業とし
ての使命に反することになる。環境が変わっても実施しようとする DTC マー
ケティングに大きな大義があれば，少しもひるむ必要はないと考えるので，こ

れらの法令や業界内自主規範を遵守しながら最適な DTC マーケティング活動を進めていってほしい。

[注]
＊1　第2章 p. 21。
＊2　筆者インタビュー，2002年9月20日。
＊3　Kotler（1999），pp. 171-187。
＊4　現在（2021年）の米国の MR 数は，39,650名であり当時からあまり変化はない。https://www.zippia.com/medical-representative-jobs/demographics/，2021年9月29日アクセス。ちなみに同じ2021年の日本の MR 数は，ミクス編集部の集計によると3万2921人名であり以前より減少しつつあるのがわかる。https://www.mixonline.jp/tabid55.html?artid=71214，2021年9月29日アクセス。
＊5　中綴じの雑誌などで，雑誌本体より少し小さいサイズの広告頁扱いの小冊子を雑誌に綴り込んで読者に届ける。読者は小冊子の部分を切り離して，雑誌とは別に保管したり読んだりすることができる。
＊6　医薬品の情報伝達において，適正使用のための情報伝達は重要であり，製薬企業の義務でもある。このため，製薬企業のプロモーション，情報伝達において，MR と処方者との面談が理想とされている（Castagnoli, 1995, pp. 281）。
＊7　Castagnoli（1995），pp. 279-293。
＊8　筆者は，McCarthy による4Pの一つ「プロモーション」という用語を「コミュニケーション」また「マーケティング・コミュニケーション」と言い換えて使用している。引用する文献によっては「プロモーション」を使用しているものがあるので，本書中引用部分については，原文のまま「プロモーション」を使用することにする。
＊9　原文のまま，顧客と同意と考えてよいと思われる。
＊10　佐賀（1993），p. 297。
＊11　同上。
＊12　ディーテリングとは，ディーテル・マン（detail man）が行う活動のことである。木綿ら（1999，pp. 95-96）によれば，ディーテル・マンはミッショナリー・セールスマンの欧米での呼び名で，商品に関する詳細な必要情報を，あたかも"教義の布教"のごとく説明しながら巡回することを主たる使命としており，わが国の典型例として医薬品業界があげられている。現在日本の製薬業界では，第2章＊7にあるように「MR」と呼ばれている。
＊13　佐賀（1993），p. 308。
＊14　ミクス Online「全てリモート面談でも良い医師急増」8月3日付け，https://www.mixonline.jp/tabid55.html?artid=71542，2021年8月24日アクセス。
＊15　筆者は長年医薬品専門の広告会社に勤務していたが，当時製薬企業から制作依頼される患者向けのパンフレット，リーフレット，ポスターなどは，ほとんど MR のドクター訪問用プロモーションツールとして位置づけられており，その納品先も製薬企業の全国各地の営業支店であることが多かった。
＊16　AAAA: 米国広告業協会（1996），p. 29。
＊17　同上。
＊18　Schultz（2004），p. 19。
＊19　Percy（1997），p. 1。
＊20　岸ら（2000），pp. 45-46。
＊21　有賀（1996），p. 29。

＊22　嶋口（2000），p. 23 は，事業活動を取り巻く外部環境（顧客，競争，流通，社会環境）への創造的，革新的な適応行動の変遷がマーケティングのパラダイム・チェンジであるとしている。

＊23　Kotler（2000），p. 699。

＊24　Iacobucci, D.（2001），pp. 95–97。

＊25　同上。

＊26　Duncan（2002）。

＊27　有賀（1996），p. 30。

＊28　有賀（1996），pp. 32–33。

＊29　同上。

＊30　Percy（1997），p. 237。

＊31　岸ら（2000），p. 49。

＊32　米国の医薬品卸は，日本の医薬品卸のように営業機能を持っておらず，もっぱら物流や医療機関内の医薬品在庫管理などを担っている。（ソネット・エムスリー株式会社取締役　COO Tom Callaghan 氏＝2002 年 9 月時点）。米国で医療品の流通業者といった場合，医療機関を指すようである。Percy（1997, pp. 311–331）も IMC の事例で，処方権のあるアイ・ケアの専門家と患者の関係において，アイ・ケアの専門家を「流通業者」としている。

＊33　Kotler（1999），p. 192。

＊34　嶋口（2000），p. 96。

＊35　同上。

＊36　同上。

＊37　AAAA：米国広告業協会（1996），p. 29。

＊38　Percy（1997），pp. 311–331。

＊39　同上。

＊40　同上。

＊41　同上。

＊42　Kotler, et al.（1997），p507。

＊43　Kotler（1999），p. 192，（2000），p. 698。

＊44　Duncan, et al.（1997），pp. 248–252。

＊45　最近は「コンプライアンス」という言葉ではなく「アドヒアランス」という言葉が推奨されているようである。

＊46　中川ら（2001）は「ロックイン戦略」について，CRM の概念に体系的な戦略を適用するものであるとして，「顧客との長期的関係を構築するためのさまざまな戦略を，顧客サイドの視点からロジックを組み立て，体系づけたものである」としている。

＊47　古川（2009），pp. 135–141。

＊48　クロスイッチ電通クロスメディアコミュニケーション WEB（2009）https://www.dentsu.co.jp/crosswich/dictionary/index.html　2009 年 1 月 20 日アクセス。

＊49　同上。

＊50　薬機法第 1 条。

＊51　薬機法第 67 条。

＊52　厚生労働省「厚生労働省医薬・生活衛生局長通知」（平成 29 年／2017）。

＊53　同上　第 4 条。

＊54　同上　第 2 条。

＊55　厚生労働省「厚生労働省医薬・生活衛生局監視指導・麻薬対策課長通知」（平成 29 年／2017）https://www.mhlw.go.jp/file/06-Seisakujouhou-11120000-Iyakushokuhinkyoku/0000179264.pdf

2021 年 9 月 5 日アクセス。

＊56　厚生省「厚生省医薬安全局監視指導課長通知」（平成 10 年／1998）。

＊57　製薬協「製薬協の概要」https://www.jpma.or.jp/about/about_jpma/　2021 年 9 月 6 日アクセス。

＊58　製薬協「委員会の活動内容」https://www.jpma.or.jp/policy/iinkai/index.html　2021 年 9 月 6 日アクセス。

＊59　製薬協「製薬協コード・オブ・プラクティス」　https://www.jpma.or.jp/basis/code/lofurc0000001dqt-att/code2.pdf　2021 年 9 月 6 日アクセス。

＊60　製薬協「製薬協コード・オブ・プラクティスの概要」　https://www.jpma.or.jp/news_room/release/news2019/lofurc0000000okx-att/20191017_1.pdf　2021 年 9 月 6 日アクセス。

＊61　「プロモーション」とは，いわゆる「販売促進」ではなく，「医療関係者に医薬情報を提供・収集・伝達し，それらに基づき医療用医薬品の適正な使用と普及を図ること」と定義されている（前出製薬協コード・オブ・プラクティスより）。

＊62　日本製薬工業協会・コード委員会・医療用医薬品製品情報概要審査会（2015）。

＊63　厚生労働省「厚生労働省医薬・生活衛生局長通知」（平成 29 年／2017）。

＊64　日本製薬工業協会・コード・コンプライアンス推進委員会・医療用医薬品製品情報概要審査会（2016）。

＊65　同上。

＊66　同上。

＊67　同上。

＊68　同上。

第4章

日本における
DTC マーケティング

1. DTC マーケティングの コミュニケーションモデル

　日本においても 20 年以上に渡って DTC マーケティングが実施されてきておりかなり普及している。米国と比べ，医療制度や医療消費者特性などの違う医療環境の中で，日本の DTC マーケティングはどのように考えたらよいのだろうか。本節では日本における DTC マーケティングのあり方について改めてさまざまな面から考察してみたい。

日本の医療環境の中で DTC はどう普及してきたか

　日本政府は，当時から増え続ける国民医療費の抑制のために，医療制度改革を 2003 年度に実施した。同年 4 月からサラリーマンの健康保険本人負担が 3 割へと引き上げられ，保険種類間の負担格差がなくなった。また，厚生労働省は医療制度改革本部の下に医療提供体制の改革に関する検討チームを設置し，同年 8 月に「医療提供体制の改革ビジョン」を取りまとめた。この改革ビジョンは 3 部構成で，① 患者の視点の尊重，② 質が高く効率的な医療の提供，③ 医療の基盤整備からなっている。患者中心の医療を具現化する施策が盛り込まれたことにより，その後「患者（医療消費者）中心の医療」が進んできたはずだ。これにより，医療消費者の立場はその当時より高くなることが予想されていたが果たして現在そうなっているだろうか。「日経メディカル」では，「21 世紀の医療システムを考える研究会」を 1998 年 1 月に発足させ，日本の医療のあり方を根本から検討していた。この研究会では医療サイド，患者サイド，製薬企業サイド，医療システム研究者，そして医療専門記者といった立場も世代も違う人たちが参画し，医療に関するさまざまな問題について討議をしており，今振り返ってみても興味深い。1998 年 12 月に発表された「患者主体の医療改革への提言」*1 を以下に紹介しておく。

[基本理念と目標]

　医療の主体は患者である。患者の「安心・納得」を尊重する原則を保証するシステムとしなければならない。

　① 　患者の自立を図る。

② 　医療情報の提供を進める。

③ 　質の高い医療を確保する。

④ 　需要に応じた医療供給体制を作る。

その当時すでにインターネットの普及により疾患情報などをインターネット上で収集し，部分的には専門家並みの知識を身につけた患者が病院を訪れるという現象も一部で起きていた[2]。現在ではますますインターネットによる疾患情報の収集は加速しているが，そもそもインターネット上にある疾患情報や医療情報が正しいかどうかという別の問題にも直面している。2002年の製薬協の生活者意識調査では，医療消費者の情報ニーズと医療・医薬関係者からの説明内容にギャップがあることが分かる。これは現在でも大きく変わってはいないと思われるので紹介をしたい。処方された薬について患者が入手したい情報で最も多かったのが「薬の副作用」（68.0%）だったのに対して，医療・医薬関係者からの説明は23.0%にとどまった。「薬の服用方法」については医療・医療関係者の説明は79.8%だったのに，患者は34.4%しか入手したいと思っていなかった（図表 4 - 1 ）[3]。

医療消費者が自立するためには医療消費者自身が積極的に医療情報を収集していくことが不可欠であるし，収集した医療情報を正しく理解する能力も身につけなければならない。このことは後に薬機法によって日本国民の努力義務となったことは既に述べた。患者自立のためには，自立を支援するための何らかの仕組みが必要である。医療情報の提供に関しては2021年の現在，新型コロナウイルスの感染拡大の影響などもあり速いスピードでさまざまな新しいサービスが登場してきているが，DTC マーケティングによる情報提供もその仕組みの一つに当てはまるものと考える。

製薬協の調査で医療消費者の製薬産業からの情報入手意向は「ぜひ入手したい」，「機会があれが入手したい」の合計が，1999年には44.9%であった[4]のに2020年では72.1%[5]と大幅に増加している（図表 4 - 2 ）。また，製薬会社から入手したい情報は，「自分が処方されている薬の情報」（68.0%），「薬についての基本的知識」（52.0%），「薬の正しい使い方」（48.0%）であった[6]。疾病管理の観点からも DTC の役割は重要である。疾病管理については坂巻[7]，當麻[8]，長谷川[9]，坂巻ら[10] に詳しいが，疾病管理の概念は，米国で HMO などの保険

図表4-1　医療消費者の情報ニーズと医療・医薬関係者からの説明内容にギャップ

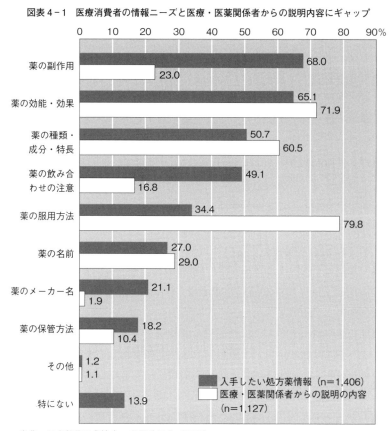

出典：日本製薬工業協会・広報委員会（2002）。

者によって考案され，ある特定疾患についてその予防から治療までをエビデン
スに基づく最も効果的な方法で行うことである。臨床ガイドラインは治療の最
適な道筋を示したものだが，疾病管理では患者の行動に介入して服薬のコンプ
ライアンスを上げることや，生活習慣を変えるための継続的なコンサルテー
ションまでも包含する[11]。日本においての疾病管理プログラムに関しては，プ
ロフェッショナル集団としての医師・医療機関が中心となり，政府や製薬企業
の協力のもとで開発を行っていく方向が望まれる[12] とされていたが，最近で
は製薬企業が提供するペイシェント・サポート・プログラム（PSP）が希少疾

図表 4 - 2　製薬会社からの情報入手意向

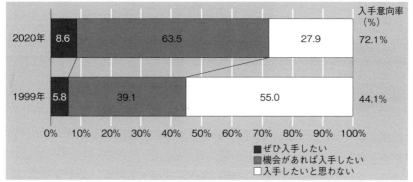

注：入手意向率＝「ぜひ入手したい」「機会があれば入手したい」の合計比率
出典：日本製薬工業協会・広報委員会（2002/2020）をもとに筆者が作成。

患の DTC マーケティングで実施されることが散見されるので好ましいことだ
と考える。

DTC マーケティング実施の必要条件

　DTC マーケティングは医療用医薬品の新しいコミュニケーション手法とし
てすでに 20 年以上日本でも実施されてきたが，どんな疾患領域でも実施でき
るものではない。実施を検討する時には，その疾病領域や製品についていくつ
かの条件に照らし合わせてから考えるべきである『DTC マーケティング』
（2005）や『新版 DTC マーケティグ』（2009）でもこの条件については述べて
いるが，20 年に渡る日本での実施経験を踏まえて今回はそれを見直して考えて
みたい。

［DTC マーケティング導入の必要条件］

【疾患領域】

①未治療患者（潜在患者）が治療患者（顕在患者）より明らかに多い疾患。

②医療消費者がその疾患の治療方法について知識が少ない疾患（または知識が
　全くない疾患）。

③適切に治療しないで放置すると重篤化（最悪の場合死亡）したり，患者の
　QOL が著しく損なわれる疾患。

④治療のために長期間適切な治療（服薬治療）を続ける必要がある疾患。

【製品】

①すでにある治療薬より明らかに臨床効果が高い製品。

②その疾患にいままで適切な治療薬がなかった製品。

③患者1人あたりの単位期間薬剤費が比較的高い製品。

　また，必要条件とまでは言えないが実施を検討する際に有効と思われる疾患領域は以下のとおりである。

[DTCマーケティング実施が有効と思われる疾患領域]

①患者が恥ずかしくて第三者に相談しにくい疾患。

②何らかの理由により，治療（服薬）開始に躊躇するような疾患。

③治療のために患者を取り巻く社会の理解が必要な疾患。

④医師に対して患者から要望しないと治療（服薬治療）が始まらないような疾患。

　具体的に必要条件にあてはまる疾患として過去の実施事例などを見てみると，まず二大生活習慣病があげられる。糖尿病，高血圧症，高脂血症などである。他に緑内障や切迫性尿失禁，片頭痛，慢性閉塞性肺疾患（COPD），各種の希少疾患などがある。また有効と思われるものも含めての疾患となると，うつ病，C型肝炎，ED（勃起不全），悪性腫瘍などがあり，これらの疾患の多くで日本でもDTCマーケティングが実施されてきた経緯がある。第三者に相談しにくい疾患でのDTCマーケティングの例では，EDのDTC広告が過去に実施された[*13]。また，緑内障は日本人には正常眼圧緑内障が多く，米国などに比べ潜在患者数が多いため，日本において緑内障治療薬を発売している製薬企業が，DTCマーケティングを展開した例もある。第1章には過去に実施されたDTC-TV広告について詳しく述べているのでそちらも参考にして欲しい。

DTCマーケティング実施ポイントとコミュニケーションモデル

　前述した考慮ポイントを踏まえて，日本のDTCマーケティングの実施ポイントを，コミュニケーションモデル（図表4-3）を見ながら整理をしておこう。

①医療消費者の啓発と医療機関への受診促進

　疾病構造の変化により，自覚症状の少ない生活習慣病や，新しい定義の疾

図表 4 - 3　DTC マーケティングのコミュニケーションモデル

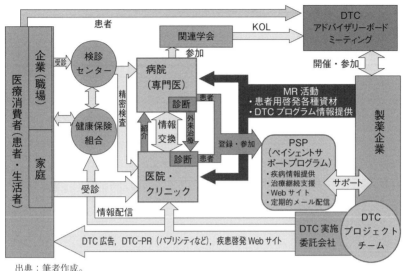

出典：筆者作成。

患，患者が治療法をよく理解していない悪性腫瘍や希少疾患が増えている現状を踏まえ，潜在患者を発掘する DTC マーケティングでは，まず医療消費者に対して正しい疾患情報を啓発する疾患啓発活動が必要であり，それを十分に行う。そして，疾患啓発活動により自分がその疾患ではないかと認識した潜在患者を，適切な医療機関にスムーズに受診させることが必要である。

②医療機関への DTC 情報の提供

　疾患啓発活動により発掘された潜在患者を受け入れて診断する医療機関にも，DTC マーケティングによる正しい情報の伝達が必要である。特に DTC マーケティングで大切なのは，発掘された潜在患者を受け入れる医療機関サイドが疾患や治療方法について十分な知識・情報をもっていないと疾患を見逃してしまい，結局患者が顕在化せず，何よりも患者が正しい治療を受けられなくなってしまうことである。この情報提供活動は MR が実施することになるが，卸の MS が MR に代わってこの業務提供にも乗り出す動きもあり，希少疾患領域などでは効果が期待できるだろう。

③患者に対する長期的な情報提供

　疾患の種類にもよるが，DTC マーケティングの対象となる疾患の中には治癒までに長く時間がかかるものがある。疾病管理（特に服薬コンプライアンスの維持）と患者ロックインの観点からも，患者に対して定期的な情報提供と受診のお知らせなど治療継続のための支援が必要となってくる。現状でも患者による自主的な「患者の会」は存在するが，DTC マーケティングでは製薬企業がCRM（Customer Relationship Management）の観点からペーシェント・サポート・プログラム（PSP）などオリジナルの仕組みを構築して治療患者に提供することにより，良好な継続治療を図っていくことが必要である。

④DTC アドバイザリーボード・ミーティング

　DTC マーケティングの実施すべき活動プログラムがほぼ決まり実行に移す前に筆者は DTC アドバイザリーボード・ミーティング（以下「DTC アドボ」）を開催して内容の精査をすることを提唱している。DTC アドボの目的は，プランニングをした製薬企業サイドの一方的な思い込みの活動を排除し実施した後に思わぬ所から活動に対して批判を受けることがないようにするためである。メンバーは，当該疾患領域の KOL，その疾患の患者，製薬企業の DTC 担当者などである。メンバーが一堂に会して DTC 担当者が DTC マーケティングで予定している活動の内容を説明して，メンバーからの意見を事前に聴取して討議をする。実際にこの DTC アドボに同席してみて感じるのは，治療にあたる医師の視点，情報を受け取る患者の視点はさまざまであり，思いも寄らなかった批判的意見が出てくることである。またその意見が非常に重い気づきを与えることもある。このミーティングで気をつけなければいけないことがある。それは，メンバーから意見の聴取をして討議はすれども決定機関ではないことである。すでに患者インサイト調査は綿密に実施しており，活動プログラムの準備がほぼ終わっている段階で重篤な欠陥が指摘されたのでない限り，DTC アドボの意見によってプログラム全体を急に変更するのは得策ではない。あくまでもこの DTC アドボでは隠れたリスクの芽を見つけておくことが主眼であり，そのためごく少数の人数で開催するのである。

DTC コミュニケーションとドクターコミュニケーション

　製薬企業で DTC マーケティングを担当する人と話をするとよく「DTC は市場シェアトップの製品でないと実施できない」という意見を聞くことがある。DTC は IMC であると第 3 章で述べたが，消費財の世界では市場シェアに関わらず競合する各社は盛んに IMC を実施している。DTC でも同様である。DTC コミュニケーションの目的と市場のシェアの問題は別であると考える。図表 4-4 にてこのことを説明する。DTC コミュニケーションの目的は多くの場合市場の拡大である[14]。まだその疾患領域に潜在患者が多い場合など DTC を実施することにより潜在患者を顕在化させることに繋がり，市場全体を拡大するのが大きな目的となる。一方，市場のシェアについては従来の MR 活動などによるドクターコミュニケーションが重要となる。その疾患領域の治療薬市場において自社製品のシェア拡大を図るためには IMC におけるプッシュ戦略である MR の活動が不可欠である。このことをしっかりと理解すれば，必ずしも市場シェアが No.1 の製品でなくても臨床効果が高い新製品などで製品に十分な力があり，MR がその疾患領域で強ければ，そこからどんどん市場シェアを伸ばして行くことができるはずだ。それに伴って DTC コミュニケーションにより市場全体を拡大すれば自社製品が占める面積は自ずと広くなるはずである。

図表 4-4　DTC と市場の関係

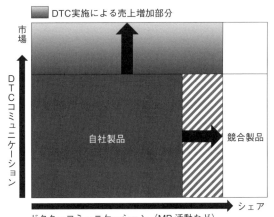

出典：筆者作成。

このような説明をするとよくドクターコミュニケーションが先か，DTC コミュニケーションが先か，あるいは同時に実施するのがいいのかという質問を受けるが，それはその疾患領域の治療薬市場の状況，自社製品の製品力，MRの営業力などによって変わってくる。一概にどちらが先がよいとは言い切れない。

DTC マーケティングと KOL

　DTC マーケティングで用いる疾患情報や治療情報は客観的で正しいものでなければならないことはいままでも述べてきた。本節ではそのために DTC 活動を実施する際，さまざまな局面で協力を仰ぐことになる該当疾患領域における医学的な権威者である医師（以下「KOL」）の活用法について述べていく。

　インターネットの普及した現在，検索をかけると実に多くの疾患情報や治療情報をいとも簡単に得ることができる。その情報は氾濫していると言ってもよいくらいの量だ。しかし残念ながらその多くの情報が医学の専門家が提供したのではない根拠に乏しいものである。およそ医学に関わるこれらの情報を正しい医学の知識のない者が，勝手気ままに確たる根拠もなくインターネット上で広く開示できるということは医療消費者にとってはまことに恐ろしい状況であると言ってよい。そのため，製薬企業が DTC マーケティング活動に伴ってこれらの情報を提供していく際には，最も正確な情報を提供することが望まれる。そのためには該当疾患領域の KOL の力を最大限に借りることは必須の条件である。伝える情報の正確度が高くなればなるほど，その情報に接する患者の利益も大きくなるはずだ。

DTC マーケティング活動に伴い KOL に依頼すべき役割

　DTC マーケティングではさまざまな活動を展開していくが，そのうち KOL に依頼する役割をあげて整理すると大きく次のようになる。

① 　DTC 活動全体の相談と総監修。

② 　各種制作物などの個別の監修。

③ 　各種制作物の内容チェック。

図表4-5　DTC関連 KOL リストサンプル

分類	氏名	所属	役職	住所	電話番号	Eメールアドレス	コンタクト	備考
総監修	啓発 患十郎	中央医科大学医学部	名誉教授	東京都千代田区千代田1-2-3	03-9999-8888	keihatsu@chuo-med.ac.jp	プロダクトチーム経由	この領域の第一人者KOL。当社製品の治験の際の治験責任医師・全体の監修に適任。ただし高齢のため細かい内容チェックは頼めない。
監修	有楽町 大五郎	帝国医科大学医学部	教授	東京都北区帝国町1-2-3	03-9999-8888	yuurakucyo@teikoku.ac.jp	プロダクトチーム経由	この領域で現在活躍するKOL。当社製品の治験にも関わっていた。個々の制作物の監修など、監修に適任。非常に几帳面なので性格とともに内容チェックを依頼しても快く応じてくれる。
監修	○○ ○○	□□大学医学部	◇◇◇	○○○○○○○	○○-○○-○○○○	△△△△@△△△△.ac.jp	プロダクトチーム経由	○○○○○○○○○○
内容チェック	原宿 大介	中央医科大学医学部	講師	東京都千代田区千代田1-2-3	03-9999-8888	harajyuku@cyuou.ac.jp	プロダクトチーム経由	啓発名誉教授の直系の後輩でこの領域の気鋭のKOL。若手であるため細かい内容チェックなどを頼みやすい。依頼の前に啓発名誉教授の承認をとっておく必要がある。
内容チェック	○○ ○○	□□大学医学部	◇◇◇◇	○○○○○○	○○-○○-○○○○	△△△△@△△△△.ac.jp	○○支店MR経由	○○○○○○○○○○
内容チェック	○○ ○○	□□クリニック	◇◇	○○○○○○	○○-○○-○○○○	△△△△@△△△△.ac.jp	○○支店MR経由	○○○○○○○○○○
内容チェック	○○ ○○	□□大学医学部	◇◇◇	○○○○○○	○○-○○-○○○○	△△△△@△△△△.ac.jp	××支店MR経由	○○○○○○○○○○
メディア取材・出演	御徒町 太郎	東西大学医学部	准教授	東京都新宿区東西町1-2-37	03-9999-8888	okachimachi@touzai.ac.jp	広報部経由	この領域で最近売り出して来た中堅のKOL。当社製品の治験にも関わっていた。俳優のような容姿から最近メディアへの出演も増えている。本人もメディアへの出演を希望しており、分かりやすい話術も評判もよい。
メディア取材・出演	○○ ○○	□□大学医学部	◇◇◇◇	○○○○○○	○○-○○-○○○○	△△△△@△△△△.ac.jp	広報部経由	○○○○○○○○○○
イベント協力	○○ ○○	□□大学医学部	◇◇◇◇◇	○○○○○○	○○-○○-○○○○	△△△△@△△△△.ac.jp	プロダクトチーム経由	○○○○○○○○○○
イベント協力	○○ ○○	□□大学医学部	◇◇◇	○○○○○○	○○-○○-○○○○	△△△△@△△△△.ac.jp	□□支店経由	○○○○○○○○○○
撮影協力	日暮里 花子	はなこクリニック	院長	東京都墨田区墨田1-2-3	03-9999-8888	hanako@imail.com	○○支店MR経由	中央医科大学出身で最近開業をした医師。KOLとは言えないがこの領域の知識は折り紙つき。クリニックは墨田駅前で立地もよい。撮影にも協力してくれ、自分の名前が当たっても構わないとよいよいの承諾を得ている。
撮影協力	○○ ○○	□□診療所	◇◇◇	○○○○○○	○○-○○-○○○○	△△△△@imail.com	○○支店MR経由	○○○○○○○○○○

出典：筆者作成。

④　DTC-PR活動に伴うメディアの取材応需やメディアへの出演。

⑤　医療施設や機器，診療風景の撮影協力。

　図表4-5にDTC活動に伴い予め作成しておくべきKOLリストのサンプルを提示する。KOLについては事前にこのようなリストを作成しておくことが肝要である。この図表4-5を見ながらKOLへ依頼する主な役割について見てみよう。

DTC広告に関連するKOLへの依頼

　DTC広告で代表的なものはTV広告や新聞広告，雑誌の広告や交通広告，新聞折込チラシなどがあげられる。特に疾患啓発に重点を置いたDTCマーケティングではTVや新聞などのマスメディアの広告を大規模に使用することがある。エリアを限定して実施する場合もあるが，多くの場合全国ネットワークとなる。この広告に関連してKOLに依頼することは広告内容の監修などである。疾患の解説や治療方法などについて広告メッセージで述べる以上，その内容は学術的に正しくなおかつ中立的でなくてはならない。15段の新聞広告などではその掲載量も多くなるので細かく内容をチェックしてもらい広告内にKOLの監修クレジットを掲載すべきである。TVのスポット広告はたいてい15秒か30秒であるが短いとは言え疾患の解説や治療方法に言及していれば当然この内容も監修を受けるべきであろう。

　また，DTC-TV広告には60秒などの長尺のものがあるのも特徴である。スポット広告より多くのメッセージ内容を盛り込むことが可能だが，ただ正しいというだけでなく内容に偏りがないように留意する必要がある。監修を受けたからと言って特定の治療方法に偏っていたり，その治療によって必ず病気が治るような表現は現在行ってはいけないことになっている[*15]。DTC実施に関する細かい注意点は第3節で詳しく述べる。

DTC-PRに関連するKOLへの依頼

　DTC-PRとはDTC活動における広報活動のことである。製薬業界では広告と広報の区別についてよく理解されていないケースが見受けられるが，その違いについては第5章で詳しく解説をする。広報活動は広告とは全く異なる活動

である。広告は広告主（製薬企業）が金銭を支払ってメディアの紙面・誌面スペースや放送時間を購入し，そこに自らの伝えたいメッセージ内容を一方的に掲載やオンエアーするものである。広告スペースには必ず広告主名を明示しなければならないルールがある。一方，広報活動である DTC-PR では，広報活動を専門に取り扱う PR 会社（広報代理店，PR エージェンシー）が依頼主（製薬企業）の要望に添ってメディアとのリレーションに基づき読者や視聴者に伝えたい疾患情報や治療情報を記事や報道・番組として取り上げてもらう“パブリシティ”が中心となる。ここで記事や報道，番組として取りあげてもらう場合，その判断は各メディアが独自に行い，メディア自社の責任において読者や視聴者に伝えられる。広告のメッセージ内容より広報活動のパブリシティによる記事や報道，番組の内容の方がそれを受け取る医療消費者からは信頼感を持たれるため，客観的で正しい情報が必要とされる疾患情報や治療情報に関して，DTC-PR の果たす役割は大きいと言える。

　この DTC-PR で KOL の果たす役割は非常に重要である。新聞や雑誌，TV などのメディアは取材活動によって記事や報道内容を作成することになるが，その際に疾患情報や治療情報の取材は間違いなくその領域の KOL に申し込むことになる。製薬企業は PR 会社に予め自社が候補とする KOL をリストにして伝えておくことにより，メディアの KOL に対する取材に利便を図ることが可能になる。メディアへの KOL 出演は特に DTC 活動では留意すべきことで，事前の準備が肝心である。前述したようなリストを準備して DTC-PR でも利用するとよいだろう。なお，メディア各社は取材に客観性を持たせるために PR 会社から紹介された KOL 以外にも，必ず自社のネットワークで探した別の KOL にも独自の取材をするのが普通である。いくら製薬企業から PR 会社を介して KOL を紹介してもその人だけで取材が終わることはないことは理解しておく必要がある。

そのほかに関連する KOL への依頼

　DTC マーケティングでは，DTC 広告，DTC-PR のほかにも KOL に依頼すべき役割がたくさんある。最も多く発生するのが医療消費者向けの制作物や Web サイトの内容の監修やチェックあるいはその中で掲載する画像や映像の

撮影協力であろう。それぞれをみていこう。

①医療消費者向けの制作物

　DTC マーケティングの啓発活動で疾患啓発用の小冊子などは必ず作成することになる。難しい内容を平易に説明することを心がけないといけないのだが，KOL による監修や内容チェックも必須である。表紙に内容をチェックしてもらった KOL の監修クレジットも入れる必要がある。小冊子がシリーズである場合など監修する KOL を一人にするのかシリーズそれぞれで別の KOL にして複数にするのかも決めておかなければならない。疾患啓発用のポスターなども全く同様である。これらの制作物などの監修や内容チェックの依頼は，しっかりと内容をみてもらうことは当然であり，実際の内容チェックが全くないままに KOL の名前だけを借りるような方法は厳に慎まなければならない。

②疾患啓発 Web サイト

　インターネットの普及した現在，DTC マーケティングで医療消費者向けの疾患啓発 Web サイトの構築はまず最初に取り組むことで，実際多くの DTC では充実した Web サイトが用意されている。Web サイトに掲載できる情報量は印刷物と違い無限大であり，その内容チェックは初期公開のコンテンツだけでもかなりの作業となる。当然製薬企業内でも内容チェックをするが KOL によるチェックや監修も必要である。有名で多忙なトップの KOL に細部にわたって内容をチェックをしてもらうのは現実的ではない。予めコンテンツごとに細かい内容チェックをしてもらう KOL と最後に全体をみてもらって確認をしてもらう総監修の KOL を分けて準備しておくとよいだろう。Web サイト構築時のコンテンツ内容は修正が数次にわたるので，最終的に公開に近い段階での内容でチェックをしてもらわないと意味がなくなる。そのタイミングを図るのも重要である。また，コンテンツが更新される都度同様なチェックが必要なのは言うまでもない。

③画像や映像の撮影協力

　医療消費者向けの制作物や疾患啓発 Web サイトに使用する画像や映像を撮影する際にも KOL に依頼することになる。多くの場合，医療機関内での撮影になるので事前に撮影依頼予定の KOL の所属する医療機関の撮影ルールや許可承諾に至る手続きを確認しておくべきである。医療機関が国公立であったり

大規模であったりすると許可を得るための手続きも煩雑になり，撮影の際の制約も多くなる。撮影を急ぐ場合もあるので，KOL にこだわることなく比較的短時間で許可承認が取れる個人経営の診療所やクリニックを候補として選んでおくのもよい。また，撮影をする際は製薬企業の社員が立ち会い，撮影のための技術クルーも現地に移動する必要があるので製薬企業本社所在地近くの施設を候補にするとよいだろう。

　撮影後の画像や映像の使用で気をつけなければならないのは権利関係である。医療機関などの風景は撮影許可を取り付ける段階で確認しておけばよいが，画像や映像に実際の患者あるいは医療スタッフが写る場合は撮影前に本人に確認をして承諾を得ておかないと後で大きなトラブルとなる。特に KOL からの指定がない限り，患者を撮影しなければならない際は実際の患者ではなくモデルなどを用意して臨んだ方が安全と言える。細かいことだが医療機関に掲示されている有名作家の絵画が画像に写り込み著作権侵害の問題が起こることもあるので細心の注意が必要である。

具体的な KOL の活用事例

　ここまで KOL を活用した効果的な DTC の実施について細かく述べてきたが，最後に実際の DTC 活動で KOL を有効に活用した成功事例について要点をみてみたい。

　事例の DTC マーケティング活動は女性疾患である「月経困難症」についてノーベルファーマ株式会社が 2014 年に実施したものである。同社は「必要なのに顧みられない医薬品の提供を通して，医療に貢献する」という使命を掲げ，希少疾患の治療薬を中心に開発をして患者に届けているユニークな製薬企業で，患者との接点も他の製薬企業よりかなり密接である。

①事前の KOL への相談

　同社が「月経困難症」の DTC 活動（疾患啓発活動）の企画を始めたのは2012 年のことである。それまでの DTC と言えば大手の製薬企業や外資系製薬企業が実施するものという概念を超えて「患者さんに伝えなければならない疾患や治療情報の提供は進んで取り組む」として社長の決断で決定された。早速同社の製品開発に関わった KOL 複数名を訪問し，どのような情報をどのよう

に提供していくのがよいのか綿密に相談をした。そのため，医療の現場で必要とされている患者への治療情報を正しく理解することができ，その後の準備やプランニングに生かすことができた。

②DTC活動に関連した各種団体への説明と同意

事前のKOLの相談から同社では，この疾患に関わる各種団体からの同意と賛同が重要と考え，日本産科婦人科学会，日本産婦人科医会，日本子宮内膜症啓発会議，日本子宮内膜症協会などを次々と訪問し，活動の主旨を説明し同意協力を取りつけるとともに協同作業なども実施することになった。日本産科婦人科学会にはこの領域のKOLが多数在籍しており，その同意を取りつけたことは大きな後押しとなった。また日本産婦人科医会には都道府県別に産婦人科医会があり，実際のDTC活動のスタート前にはすべての都道府県の産婦人科医会に訪問して活動内容の説明と協力を得ている。

③突発事態が発生した際のKOLへの相談

同社が強固に取りつけた各種団体のKOLからの後押しで特筆できるのは，DTC活動スタート直前の突発事態発生の時である。2014年2月まさに活動を開始しようとした矢先の1月17日，競合企業の販売する同じ月経困難症治療薬を服用した患者が血栓症により死亡するという事件が起き，競合企業は安全性速報を発行して医療現場に注意喚起を促す事態となった。同社内では予定されていたDTC活動をどうするか議論になったが，その際に前述の各種団体のKOLに意見を求めたところ，すべての団体のKOLから「こういう事態が起きる可能性があるからこそ，患者さんに適切に医療機関を受診してもらう疾患啓発活動に意義があるのだ」とのアドバイスをもらい，予定通りの活動を実施した。DTC活動に関してKOLとの強固な関係が作られていなければ，適切なアドバイスを受けることができずに実施が中止されていたかもしれない。

以上にあげたKOLへの相談や依頼以外にも，同社ではDTC活動全般にわたって必要なその都度KOLの力を有効に借りている。本項でも紹介したKOLのリストもDTCの実施前に綿密に整備し業務の委託先である広告会社やPR会社に提示し，KOLへのコンタクトについて細かい指示を出している。その結果，同社の実施した「月経困難症」疾患啓発活動はその後，患者はもちろん医療従事者からも高い評価を受け，成功事例として定着している。

3. DTC マーケティングのための 社内組織と協力会社

　DTC マーケティングを本格的に恒常的に実施していくためには，社内に しっかりとした組織と体制を築く必要があるだろう。DTC マーケティングへ の取り組みが長い製薬企業に共通しているのは，この社内組織と体制がしっか りとできていることである。

　また，DTC を実施する上で協力会社との協業はいかにして進めていくのか。 本節では，社内組織と体制を構築していくために何が必要かを考えるととも に，協力会社の選び方とパートナーシップの構築についても考えてみたい。

DTC マーケティング計画のための社内組織と体制

　製薬企業にとって DTC マーケティングは，つい最近まで縁がなかった比較 的新しいマーケティング手法である。そのため，社内のどの部署がこれを主管 していくかについて，DTC に初めて取り組む企業では未定の場合がほとんど である。多くの企業では製品マーケティング戦略を担当する部署（以下「製品 グループ」）のプロダクトマネージャー（以下「PM」）やアシスタントプロダ クトマネージャーなどが兼務で DTC マーケティングを主管することが多い。 企業によっては，製品グループを支援する部署（以下「支援部署」）に DTC 担 当者を置いたり，メディカルアフェアーズ部門や広報部門の社員に DTC を担 当させたりしている。いずれの場合にも言えることは一人の社員が他の業務と 兼務で担当するほど簡単な内容や業務量ではないということである。DTC マーケティングを推進するためには社内の多くの部署との連絡調整が必要にな るし，社内承認の手続きも DTC に初めて取り組む際には社内に前例がないた め準備に予想以上の時間がかかるものだ。加えて外資系製薬企業の場合は，本 国との折衝，調整も必要になることがある。

　筆者が社内組織について相談を受けた場合に必ず提案するのが，DTC 専任 担当者の設置と DTC 推進に関するプロジェクトチーム（以下「PT」）の発足 と組織化，そして効率的な推進のための社内手順書の整備である。DTC 推進 の中心となる専任担当者と実施計画を討議する場としての PT，推進の裏づけ

となる手順書の整備は，今後本格的に恒常的にDTCマーケティングを推進していくつもりであれば，必須のことと考えてもらいたい。この二つについて説明する。

［DTC専任担当者］

　製薬企業では，内資系でも外資系でも製品グループをさまざまな面から支援する支援部署が設置されていることが多い。DTC専任担当者を置く場合には，この支援部署に置くのが最もよいと思われる。もちろんDTC専門の部署が独立して設置できれば一番よいのだが，そこまでいかなくても少なくとも専任の担当者は置くべきである。DTCを計画し推進する際は，社内の多くの部署との折衝ならびに外部の協力会社の選定や折衝，管理，社内承認を得るための資料作成などかなりの作業が必要になる。このため，DTC専任担当者に求められるのはアグレッシブな行動力である。また，社内外の調整が必要になるので忍耐強い折衝力も必要である。そして何よりも，いままでに経験したことのない新しいことに取り組むのであるから，柔軟な発想力や臨機応変な判断力も求められる。幸いにして，日本の製薬企業には優秀な人材がたくさん在籍しているので，DTC専任担当者を選任する場合，能力的な面からの課題はさほどないと考える。筆者の接したDTC専任担当者には非薬学・非理系学部出身者で，従来の学術知識優先の製薬企業内では必ずしも主流とは言えなかった人たちもいた。DTCマーケティングの推進ではこれらの人たちが中心的な存在としてクローズアップされ大活躍しているのも知っている。もちろん薬学・理系出身の専任担当者もコンシューマー・マーケティングや広告，広報の知識を貪欲に吸収し，筆者も顔負けの幅広い知識を駆使して活躍しているケースもあるので，何よりも本人の意欲によるところが大きいと考える。

［プロジェクトチーム：PT］

　DTCマーケティングを計画し推進するためには，社内の多くの部署が関連してくる。部署の名称は企業ごとに違うが，一般的な理解でいくと，まず製品グループ，支援部署ならびにDTC専任担当者，広報部門，調査部門，法務・コンプライアンス部門，研修部門，購買部門，これにMR活動との統合を図るためには，営業調整部門などが必ず関連してくる。実際のDTCマーケティング実施の際には，これら社内の各部門のほかに社外の総合広告会社，PR会社，

コールセンター，調査会社，Web サイト制作会社，インターネット広告専門会社，その他のソリューション企業などが加わる。これらの社内部署ならびに社外の協力会社群と DTC 専任担当者あるいは PM が 1 対 1 で折衝，調整をしていこうとするとかなりの数の取引が発生し，煩雑極まりないことになってしまう。そのため，筆者は DTC の計画段階から社内に PT を組織することを勧めているのである。PT の発足と大まかな進行の段階を図表 4-6 に示す。計画段階だけでも三つのステップに分けられる。すなわち，① 情報整理，② プランニング，③ 実行プラン作成の段階である。

　① の情報整理の段階では，PT メンバーは製品グループだけである。製品グループの中に DTC を担当する PM を中心とした小規模なチームを編成する。このチーム内でまず情報の整理をしないと効率的なプランニングは始められない。DTC マーケティングはコンシューマー・マーケティングであるので，コミュニケーション対象である医療消費者や患者に関するデータが社内には足りない場合がある。この場合は，迷わず必要な患者調査を行い，不足を補わなければならない。医師向けのマーケティングで調査の重要性を熟知しているはずなのに，なぜか医療消費者の調査になると消極的になる企業が多い。筆者は医療消費者や患者に関するデータが不十分な場合はすぐに予算措置をしてもら

図表 4-6　プロジェクトチーム（PT）の発足と進行の段階

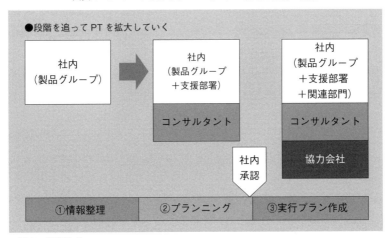

出典：筆者作成。

い，必要な患者調査を実施するようにお願いしている。ここで調査予算を出し惜しみすると患者インサイトを明らかにできずに精度の低い実行プランしかできないことになってしまう。調査の重要性については，第5章で詳しく述べる。

　②のプランニングの段階では，支援部署からもメンバーを追加する。この段階での目的は，社内でDTC実施の承認を得ることにある。この段階で社外の総合広告会社など協力会社を参加させてプランニングを依頼する場合が多いようだが，まだ時期尚早である。社内勉強会などに講師として招聘をして情報収集することは必要だが，あくまでも社内のメンバーで情報を精査し，目的をしっかりと確認し，基本戦略のフレームワークを構築することが求められる。筆者が専門コンサルタントとして依頼されるのはこの段階からが多い。コンサルタントは製薬企業から広告業務などを受注するわけではないので，利害関係のない目で客観的にプランニングに参画して評価やアドバイスをしていくことになる。プランニングを始める前に情報を整理し，目的を明確にするために筆者は「DTCマーケティング・シート」と呼ぶ一種の整理シートを製品グループやPTメンバーに記入してもらう方法をとっている。このシートを説明したいところだが，機密保持契約に牴触する懸念があり，残念ながら割愛させていただく。戦略フレームワークについてはワークショップなどを開いて討議をする。単なる会議とワークショップは違うので結論が導かれるようなワークショップの設計が必要となる。ワークショップ開催に際して多くの調査結果データが必要とされるので，データが足りなければ追加で調査を実施する。社内で戦略フレームワークがしっかりと構築されていると次の段階の実行プラン作成作業がスムーズに進むことになる。戦略フレームワークと基本計画策定が終わったら，必要な資料を作成して各社の承認ルートに則り，上層部へ承認申請をすることになる。

　③の実行プラン作成は，社内承認を受けた後のDTC実施に向けた具体的なプラン作りである。この段階になると，社内の関連する部署のすべてと社外の協力会社もメンバーに組み入れられる。社内承認が得られているということは，予算規模もおおよそ分かっていることになる。ここで初めてパートナーとなる協力会社の選定をすることになる。多くの企業で競合コンペティションなどを実施して選定しているが，協力会社に実行プランを作成してもらう際には

戦略フレームワークや基本計画，DTC 実行予算額が非常に重要な要素である。

　プランニングの段階で戦略フレームワークや基本計画をきちんと構築しないまま，協力会社に不完全なブリーフィングをして丸投げで実行プラン作成を依頼すると，的外れな内容であったりとてつもない実行予算が付記された企画書ができ上がって来ることがある。その結果，たいてい DTC は大失敗することになるので，計画段階を順序よく踏んでいくことが求められる。

［手順書］

　DTC マーケティングの実施経験がない企業が DTC に取り組む場合は，前例がないために準備時間が予想以上にかかることは先に述べた通りだが，将来に向けて恒常的に DTC マーケティングを実施していくつもりであれば，早い段階で DTC マーケティング推進に関する社内の手順書を整備して，次回実施する際の効率を高めるべきである。では，どのような手順書を作成すればよいのだろうか。以下に主なものを簡単に紹介する。

○社内申請に関する手順書

　この手順書は，当該企業が DTC マーケティングの実施にあたり社内での申請，審査ならびに審査後の組織体制についてその手順を定めるものである。手順書の適用範囲は，その企業内の製品グループ，DTC 支援部署（DTC 専任担当者），決済する会議体，広報部門，調査部門，法務・コンプライアンス部門，研修部門，購買部門，営業調整部門などである。

○DTC 協力会社*16 への発注手順書

　この手順書は，当該企業が DTC マーケティングの実施にあたり社外の協力会社の選定ならびに契約締結や発注についてその手順を定めるものである。その企業内の各部門に加えて社外の協力会社が適用範囲となる。

○DTC の具体的な業務推進手順書

　この手順書は，当該企業が DTC マーケティングの実際の推進にあたり社内の各部門ならびに社外の協力会社の業務推進手順を定めるものである。手順書の適用範囲は，その企業内の各部門に加えて営業支店，それにコンサルタント，DTC の各協力会社である。

　手順書の内容は詳細に規定されているに越したことはないが，目的は円滑なDTC マーケティングの推進であるので，分かりやすいことが一番である。手

	プロジェクト チーム	機密保持 契約書	推進SC 情報整理
決済する会議体A			
決済する会議体B			
〈申請者〉 製品グループ			
DTC支援部署			
DTC専任担当			
MA部門			
広報部門			
購買部門			
コンプライアンス部門			
支店			
DTC協力会社			
コンサルタント			

プロジェクトチーム発足

機密保持契約書

SC 大枠作成　情報共有　不足情報収集

戦略立案

出典：筆者作成。

順書の内容を的確に表すフロー図なども一緒に作成するとわかりやすい。図表
4-7に業務推進フロー図のサンプルを示す。

協力会社の選び方とパートナーシップ

　筆者が 2008 年から 2009 年に主催していた「実践医薬品 DTC セミナー」に
はたくさんの製薬企業の人が参加していたが，その当時質疑応答で一番よく出
された質問が，「協力会社の選び方」と「協力会社とのパートナーシップの確
立」であった。DTCの協力会社といっても多くの種類がある。最も一般的なの
が総合広告会社であろう。そのほかにも PR 会社，コールセンター，調査会社，
Web サイト制作会社，インターネット広告専門会社，そのほかのソリューショ
ン企業などがある。

な業務推進フロー図

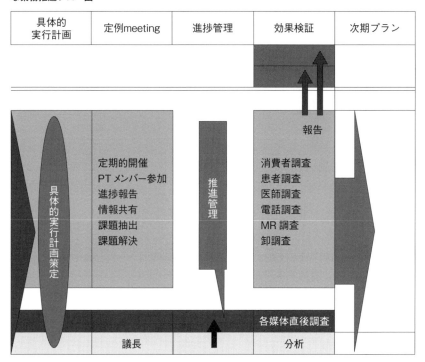

具体的 実行計画	定例meeting	進捗管理	効果検証	次期プラン

具体的実行計画策定

定期的開催
PT メンバー参加
進捗報告
情報共有
課題抽出
課題解決

推進管理

報告

消費者調査
患者調査
医師調査
電話調査
MR 調査
卸調査

各媒体直後調査

議長　　　　　　　　　　　分析

　製薬業界の特殊性の一つに，医療用医薬品マーケティングのデータのほとんどが製薬企業内にしかないという点があげられる。一般消費財でも製造企業や販売企業にマーケティングのデータが蓄積されるが，それ以上の豊富なデータを広告会社も持っている。一般消費財では広告主企業のマーケターと広告会社のマーケターは同じ条件のもとで協同作業を行うことになる。これに比べてDTC では，製薬企業は自社の持つマーケティングのデータを協力会社に十分に渡さない傾向があるようだ。そして協力会社サイドにある医薬品・医療・患者に関するマーケティング・データは限られる。こうした情報格差があると，充実した協同作業を行うことが難しくなる。お互いが良好なパートナーとなり作業を進めるためには，できる限りのマーケティングのデータを提供することは大前提となる。そのうえで良好なパートナーシップを構築するためにお互い

よく知り合ったうえで，相手を尊重して信頼することが重要と考える。

　DTCマーケティングを推進する際にパートナーとなる協力会社を選定する際には十分な準備が必要である。その選定は，委託する業務の重要度や量にもよるが数次にわたる選考を経て決定すべきである。少し前までは，多くの製薬企業では競合コンペティションの形態を取り，ブリーフィングをエントリー各社に実施した後，数週間後に60分程度のプレゼンテーションを1回だけさせてそれで選定していることが多かったように感じる。たった1回の提案を聞いただけで最適なパートナーを選べる可能性は限りなく小さいと言ってよい。筆者が提案する選考過程は以下のようなものだ。

①候補企業のピックアップとリスト化

　社内の購買部門や筆者のような専門コンサルタントに依頼し，目的に合った協力会社を複数ピックアップして，リスト化する。リスト化された段階で，業態が違っていたり，極端に企業規模に差がある企業はリストから外す。

②候補企業に打診し書類選考に応募依頼

　リストを元に候補企業に平等に打診し，競合コンペティションに参加可能であれば，まず統一様式による書類選考（一次選考）に応募してもらうように依頼する。提出してもらう書類の中には協力会社登録様式なども用意しておき，その企業の概要を正しく把握する必要がある。

③書類選考（一次選考）による絞り込み

　提出された書類をもとに社内審査によって一次選考を実施する。競合コンペティションで以前よく見かけたのは，10社以上の候補企業を一堂に集め，簡単なブリーフィングをして，すべての参加企業に後日プレゼンテーションさせるやり方である。10社もいると違う業態の会社が混在することもあり，コンペティションの品質が落ちかねない。参加する企業も10社以上のコンペティションだと採用確率も低いことから，モチベーションが上がらない。こういうコンペティションは協力会社をただ疲弊させるだけなので厳に慎むべきである。まず書類選考で社数を絞り込み，少数の候補企業によって二次選考としての競合コンペティションを実施すべきである。二次選考に残す候補企業は多くても5社程度，できれば3社くらいに絞るとよい。

④企画競合コンペティションの実施

　一次選考を通過した候補企業に対して，二次選考である企画競合コンペティションを実施する。候補企業にブリーフィングをする際は，おおよそ以下のような書類を整える必要がある。

1. インフォメーションシート
2. 機密保持契約書
3. ブリーフィング資料
4. 提案課題と提案条件
5. DTC業務委受託契約書（案）

　インフォメーションシートというのは，プランニングの解説に際して紹介した「DTCマーケティング・シート」を外部の協力会社用に改変したものを指す。このシートの精度がブリーフィングの品質に大きく関わってくる。また，ブリーフィングの前に機密保持契約書を締結しておくのは自明のことである。競合製品に関する問題は，一次選考の段階でクリアにしておくべきである。競合コンペティションのブリーフィングを実施した後に競合製品を手がけているからと辞退されることなど事前に確認しておけば防げることである。

　ブリーフィング後，約1ヶ月後に各社からプレゼンテーションをしてもらう。

⑤二次選考と面接審査（三次選考）

　各社からプレゼンテーションを受け，通常であればこの審査結果をもってパートナー企業を最終決定することになる。しかし，これでは不十分であろう。筆者はこの後，必ず三次選考としての面接審査をすることを勧めている。パートナー企業の選定は，人間でいうところのお見合いに似ている。いくらすばらしいプランであっても，それを実行するのは人である。長い期間，同じ目的のために一緒にやっていくためにはお互いの相性が重要になってくる。選考というと大げさだが，二次選考での上位2社を残し，この2社と十分な時間を取って面接を行う。製薬企業サイドも製品グループ全員が同席し，一方的な質問をするのではなく，候補企業と堅苦しくない会話をする。この時に重要なことは，DTCマーケティング推進の際，実際に作業を担当してくれるチームメンバー全員に来てもらうことである。営業の責任者，担当営業，マーケター，クリエイティブ，メディア，Web関係担当などいろいろなメンバーが考えられ

る。一番重要なのは，言うまでもなく担当営業である。多くの協力会社で共通するのは，担当営業の仕切りによってプロジェクトの推進は良くも悪くもなることである。

⑥選定通知と業務委受託契約書

面接審査をして，最も自社と相性のよいチームと考えられる候補企業をパートナーとして最終的に選定することになる。選定結果は選定された企業はもちろん，惜しくも選に漏れた企業に対しても速やかに連絡しなければならない。筆者もその昔広告会社勤務時代数多くの競合コンペティションにエントリーしたが，選に漏れた際に何の連絡もしてこない製薬企業がかなりあった。たいていそういう企業は協力会社サイドでも「要注意企業」としてマークするようになる。すなわち信頼関係が薄くなるので品質の高い企画立案やプレゼンテーションはせずにお付き合い程度の内容でお茶を濁すことになる。選定通知をしたあとは，正式な業務委受託契約書を締結して実作業へと入っていく。

筆者の考える一般的な選考方法を述べてきたが，製薬企業各社によって社内ルールは違うので，これをあくまでも参考にして独自の選考方法を考案して実施してもらえばよい。

[注]
*1　21世紀の医療システムを考える研究会著　日経メディカル編（1999）。
*2　高志ら（2001）。
*3　日本製薬工業協会・広報委員会（2002）。
*4　同上。
*5　日本製薬協工業協会・広報委員会（2020）。
*6　同上。
*7　坂巻（1997）。
*8　當麻（1998）。
*9　長谷川（1999）。
*10　坂巻ら（1999）。
*11　日本でも一部の保険者が組合員向けの保健活動として疾病管理に取り組み始めた。また，医療技術や薬剤を，一連の医療サービスの中で適切に評価するための枠組みとして活用する可能性も示唆されている。松田ら（2004）。
*12　深代（1998）。
*13　ファイザー社のED治療薬「バイアグラ」は，日本国内で医療品として承認される前に，個人による並行輸入により海外から日本に持ち込まれ正しい服用方法が分からないまま服用され，死亡事故などの事件を起こした。当時の厚生省はこれを憂慮し，法規制の網をかぶせるべく，「バイアグラ」をICHによるブリッジスタディ承認日本第1号として緊急に医薬品承認した経緯がある。
*14　最近はDTP（Direct to Patient）と称して，すでに確定診断され治療薬により治療が行われて

いる既存患者に対して，新しく発売される自社の治療効果の高い製品への切り替えを目的としたプログラムも見られるようになったが，DTC 全体の中でこれはまだ少数であろう。

＊15　日本製薬工業協会（平成 27／2015）。第 3 章第 3 節に詳述。

＊16　DTC 協力会社とは，DTC マーケティングを実施する際に当該製薬企業と契約を結び，その指示に従い具体的な実行計画を立案，推進し当該製薬企業を支援する会社のことである。広告会社，PR 会社など協力会社の種類はいろいろあるが，最近では企画内容により協力会社を組み合わせて用いるのが一般的である。

患者調査の重要性／
広告と広報の違い

患者調査の重要性

　DTC マーケティングが日本に導入され普及する以前から製薬企業では患者調査を実施していた。しかしながら，その目的は自社の製品が医師によって処方されるであろう患者像を探るということが主眼であり，疾患で苦しみ悩む患者の本音や本心を洞察し読み解こうとするインサイト調査とは目的が違うものであった。従前の患者調査では製品マーケティング戦略の立案上，患者像を一つの典型例に絞った方が製薬企業にとって便利であったためである。

　現在各社で取り組みが進んでいる DTC マーケティングの戦略立案やコミュニケーションプラン立案のために実施する患者調査は，言葉は同じでも従前の調査とはかなり違っている。むしろ消費財のマーケティングにおける消費者インサイト調査に近く，それがベースとなって患者調査に援用されてきているのは間違いない。消費財では顧客視点のマーケティングが現在では主流であり，そのために消費者のインサイト（消費者の本心や望んでいること）を深掘りし，読み解くための調査手法や分析手法が発展してきている。消費財のマーケティングでは，消費者インサイト（コンシューマーインサイト）という言葉があり，「その商品を消費者はなぜ買うのか，消費者は実際その商品のことをどのように思っているのか，を明らかにしていく」[*1] 考え方が基本となっている。

　最近，DTC マーケティングにおいてもこの消費者のインサイト調査手法が積極的に応用され「患者インサイト」を明らかにすべく「患者は自分の疾患（症状）をどのように思っているのか，どう感じているのか，それを治すことについてどう考えているか」を明らかにしていく考え方が普及しつつあり，ますます患者調査の重要性は増している。

　また，同様に消費財のマーケティングでカスタマージャーニーマップを作成しコミュニケーション戦略立案に利用するのを援用して，DTC マーケティングでも戦略立案のためにペイシェントジャーニーマップ（PJM）が考えられ利用されている。

　第 1 節では，この消費者インサイト調査を応用した患者インサイト調査とペイシェントジャーニーマップについて概観し，DTC マーケティングの戦略立

案やコミュニケーションプラン立案への活用について説明していきたい。

患者像は一つではない

　自らが病気になった時のことを考えてみよう。よく知られている疾患，例えば「高血圧」と診断され治療が始まったとして，自分の病状や病歴はあくまでも自分だけのものである。発症に至った背景や診断されるまでの経緯，また治療開始後の病状の変化や経過など似ている人はいるかもしれないが，全く同じという人はいないはずである。だから，高血圧の患者像を捉えるときに「高血圧の患者像は○○である」と一つの決まった見方のみで断定的に片付けてしまうことはコミュニケーションの方法を考えて行くうえでは一面的でとても危険である。1000人の患者がいれば1000の患者像があり，1000の患者インサイト，1000のペイシェントジャーニーマップが存在することになる。とは言いながら該当する疾患すべての患者の全数調査を実施することなど不可能である。対象者をリクルートし，その中で患者インサイトを探り，ペイシェントジャーニーマップを作成することになる。そのため最初に行う患者セグメントを設定する際には十分に時間を取ってできる限り検討しその把握に努めるべきである。

患者調査の流れ

　前述の通り，まず調査を始める前にその製品のターゲットを軸とした患者セグメントを設定すべきである。どのような疾患でも患者セグメントは存在するはずである。定性調査としてグループインタビューやワンオンワン（1 on 1）インタビューを実施するにしても事前にしっかりとセグメント分けができていないとグループの設定や対象者のリクルートもままならず，そこから導き出すペイシェントジャーニーマップの完成度も低くなる。しかしながら，疾患によっては患者セグメントそのものが全く未知である場合もあり，その場合はあとでグループ分けを行うことになる。図表5-1にセグメント準拠とルート準拠の考え方を示す。

　患者調査の方法はいろいろあるが，話しを進めるうえで筆者が知る一般的な手順を図表5-2に示す。調査結果を受けてのアクションも合わせて図示している。これをもとに解説していこう。実際の調査では経験豊富な調査会社に調

図表 5-1　セグメント準拠とルート準拠の考え方

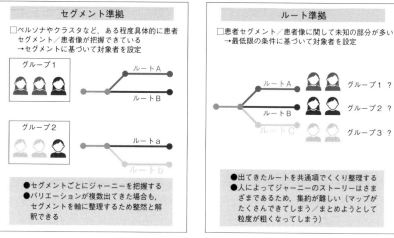

出典：鈴木（2017）。

査依頼をすると思うので，調査会社のリサーチャーと十分に協議をして調査全体のフローも策定してもらいたい。最近は新しい患者調査手法も登場してきておりすべての DTC マーケティングにおける患者調査でこのような手順になるということではないことをお断りしておく。

[患者セグメントの設定]

　DTC マーケティングの検討を始めた時点で，たいていの場合はすでに該当する疾患の患者に関するセカンダリーデータ*2 が存在しているはずである。例えば厚生労働省では，政府統計として患者調査を数年に 1 回実施して白書の公表をしている。また，その疾患に関する学会や研究会でも疾患や患者に関する疫学調査などを実施している場合が多い。まずはこれらのセカンダリーデータを集めて整理し分析することから始めるとよい。また，社内でも該当する製品申請のための治験を実施した際に患者に関して調べていることも多い。プロダクトマーケティング戦略立案のための医師調査や患者調査の結果もあるだろう。

　プライマリーデータ*3 を得るために患者調査を実施する前にこれらのセカンダリーデータをもとにその疾患の患者セグメントを設定することになる。セグメントはたくさんあればよいというものではない。例えばある疾患の患者に

図表 5-2　一般的な患者調査の手順

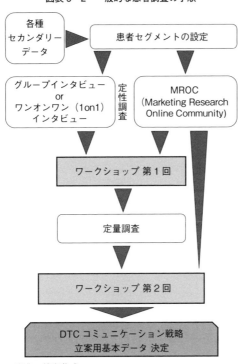

出典：筆者作成。

　10 個のセグメントが設定されたとしよう。それぞれのセグメントで対象者を 5 人ずつ集めようとすると全体で 50 名の対象者が必要になる。かといって一つのセグメントに対象者が 1 人というのはいくら定性調査と言ってもそのセグメントの患者像を探求するには不十分だろう。規模が大きくなれば調査費用も嵩むことになり，何よりも実査にかかる時間が長くなることを考慮すべきである。必要十分なセグメント数と対象者数を設定しておき，実査が終わった段階で分析するデータと不足するセグメントが判明したら，すぐに追加で調査を行うという方法の方が現実的である。予め，そういう前提で調査の設計もしておくべきである。最近では臨床試験や治験のモニター募集のための会員制ポータルサイトでの会員パーソナルヘルスケアレコード（PHR）を活用して，対象となる疾患の患者インサイトを調査し分析をするサービスを提供する企業も出て

きており，対象者のリクルートに時間がかかるということも解消される場合も
ある。

[定性調査]

　グループインタビューやワンオンワンインタビューは，設定された患者セグ
メントごとにそれに合致する対象者をリクルートし，実査を行っていくことに
なる。製薬企業では医師に対する調査で同様な手法を今までも数多く実施して
いるので，その患者版と考えてもらえばほぼ同じ流れの調査である。グループ
インタビューでは，3名から5名程度の同じセグメントの患者にインタビュー
会場に集まってもらい，調査会社のモデレーターの司会のもとで座談会形式で
1時間から2時間くらいインタビューを実施する。消費財のグループインタ
ビューではもっと人数の多い場合もあるが，患者が対象の場合あまり大人数は
向かない。なぜなら疾患にもよるが，自分の病気のことを多くの人の前で話す
のに躊躇する人が多いからである。同じ疾患を患い，背景なども似ている参加
者がモデレーターの巧みな司会でお互いの発言から触発され，なかなか言い出
せなかったこと，自分だけだと思っていたことをグループインタビューでは少
しずつ顕在化させていく。ワンオンワンインタビューでは，患者は1人でモデ
レーターと一対一でのインタビューになる。消費財の場合でも対象者の心理の
深掘りに用いられ「デプスインタビュー」などとも言われる。自分1人とモデ
レーターしかいない状況なので，モデレーターの巧みなモデレーションで，深
層心理を探ることができる。どちらの方法がよいということではなく，それぞ
れ対象疾患の特性や患者の特性，そのインタビューで明らかにしたい調査課題
によって使い分けることになる。

　グループインタビューでもワンオンワンインタビューでも，調査会社のモデ
レーターの力量は重要で調査結果を左右すると言ってもよい。患者調査に十分
な実績を持った者を選定すべきである。また，インタビューの前にディスカッ
ションガイド（DG）を予め提出してもらい，調査目的に合致している内容で
あるかを精査しておくことも重要である。調査を依頼した製薬企業側も調査会
社任せにせずすべての実査に立ち会い，その場で必要であれば修正インタ
ビューや追加インタビューなどの要望をすべきである。実査後に提出された調
査報告書を読むだけと，実際にインタビュー会場に立ち会い，その場で生の患

者の声を聞くのとでは雲泥の差があることを理解しておくべきである。2021 年
現在のコロナ下ではリモートでの患者インタビューも普及してきており，わざ
わざ会場に出向かなくても実査に立ち会えるようになったのは一つの進歩と言
えよう。しかしながらリモートの患者インタビューでは，リアルの場合に比べ
ていま一つ深掘りができないと言うベテランのリサーチャーもいるので，今後
リモートによる患者インタビューにすべて置き換わることはないだろう。

[オンラインコミュニティを利用した患者インサイト調査]

　Facebook や Twitter，LINE などのソーシャルネットワークシステム（以下
「SNS」）の利用者は急速に増えており，わが国の令和 3 年（2021）の利用率は
73.8％[*4] と国民の約 7 割が利用していることになる。これらの SNS 上ではさ
ざまな消費行動や経験，評判，評価が自然な言葉で書き込まれていてその中に
は当然病気のことや治療のことも含まれている。このようなソーシャルメディ
アでの活発な発言を調査にも応用しようとして新たに登場してきたのが
MROC（Marketing Research Online Community：エムロック）という調査方
法である。

　Facebook などのソーシャルメディアでは利用者でもある患者の発言をコン
トロールすることはできない。そこで MROC では特定のクローズドなオンラ
インコミュニティを開設して，そこに調査の対象となる患者のうち，疾患に関
する特定のテーマに興味関心の高い人を招待して参加してもらい，アンケート
やインタビューといった直接的な質問や参加者間での会話などを通じて長期的
な傾聴・観察を通して，患者インサイトを調べて探っていくリサーチ手法であ
る[*5]。この MROC は製薬業界に限らず世界中でさまざまな業界で利用されて
おり，消費者向けのリサーチだけでなく B to B の販売員向けなどプロフェッ
ショナル対象の調査などでも幅広く活用されている[*6]。

　MROC は定性調査と定量調査を合わせたような調査手法であるが，これを
実施するから従来の定性調査や定量調査が不要になるということではない。ま
だ製薬業界の患者調査では利用が始まったばかりで，そのときの調査課題に合
わせて従来の調査手法と並行して実施されることが多い。調査を委託した製薬
企業の担当者もこのコミュニティのすべての様子を自身のパソコン上で見るこ
とができるので，従来のグループインタビューやワンオンワンインタビューの

時のようにわざわざインタビュー会場に出向く必要がないのは便利である。

[ワークショップ　第1回]

　定性調査が終了し，報告書がまとまった段階で第1回目のワークショップを開催することになる。たいていの場合，このワークショップは調査会社が主体となって実施することが多い。定性調査やMROCを通じて分かったことを整理し，有力セグメントに関してはペルソナを作成する。調査結果の分析に対する合意形成やこの後実施する定量調査に向けての討議も行う。特に重要なのは，DTCマーケティングを実施する際の中心ターゲットとなる有力患者セグメントの仮定とそれぞれのセグメントに属するペルソナの作成である。そしてペルソナごとに作成したペイシェントジャーニーマップを参考にして，どのセグメントの患者を優先して情報を提供すべきか，どのセグメントの患者の情報受容性が高いか，どのセグメントの患者が受診行動へ移行しやすいかなどを検討していく。本来であればすべての患者に等しく情報を提供していく方がよいのであるが，それだと総花的なコミュニケーションプランになり，結局伝えたい患者に十分に正しい情報が伝わらないことが起きてしまう。ペルソナを参考にイメージし，セグメントに優先順位をつけたうえで，次の定量調査に移行する。

　ワークショップ開催の結果，合意された内容はきちんと文書に残しておくべきである。よくあるケースにDTCコミュニケーションのプランニングがかなり進んだ段階で，定性調査の結果解釈に異なった意見を言う者が出てきて，それまで積み上げてきた作業を振り出しに戻したり，進行が一時ストップしたりすることがある。ワークショップは参加した関係者全員の合意形成の場としたい。そのためには十分な時間を確保して関係者が全員集まって討議を行いたいものである。

[定量調査]

　定性調査ならびにワークショップ第1回の後に定量調査に進むことになる。定量調査では患者セグメントごとのサンプル数を増やして統計的に結果をみられるように設計を行う。最近はインターネット調査の普及と各社が提供する患者パネルの充実により，よほどの希少疾患でない限り，この定量調査のためのサンプル集めに苦労することはないようだ。定量調査の大きな目的は二つあ

る。一つは定性調査で仮定した中心ターゲットの検証である。DTC のコミュニケーションを実施していくうえでそのセグメントに十分なボリュームがあるかどうかは重要である。二つ目はその疾患の患者の情報入手に関する接触ポイントの検証である。患者調査の結果を得ないで情報を提供するメディアやツールを議論するのはナンセンスである。この定量調査の設問の中にきちんと接触ポイントや想定できる限りのメディアやツールを盛り込んでおくことが肝要と言える。

　最近は定量調査のほとんどがインターネット調査となっており，サンプルの有効回答率も上がってきているので，定量調査では調べたい項目を整理してなるべく網羅して設計するとよい。前述した MROC は定量調査的に用いることもできる手法である。定量調査を設計するための事前調査として行うことも可能なので，コミュニティを開設する際にその運用期間などを調査会社のリサーチャーと相談して決めておくとよい。

［ワークショップ　第2回］

　定量調査が終了し，報告書がまとまった段階で第2回目のワークショップを開催する。この第2回目のワークショップは第1回目と規模も性格も違ってくる。開催の主体は，外部のワークショップ運営専門会社に委託することが多い。コンサルティングファームや人事研修系の企業，大手広告代理店などもワークショップの運営委託先としてメニューを提供している。どこに委託するかは各製薬企業によって事情が違うので一概に言えないが，一つ言えることはノウハウがある外部の専門会社に委託した方が，開催がスムーズで結果も内容の濃いものになる傾向があることだ。委託先が絞りきれない場合は，複数社から開催に関する提案書を出してもらい自社に一番相応しいところを検討をして決定するとよい。

　第1回目と大きく違う点として，製薬企業側の参加者は DTC マーケティングを実施するうえで関連する部門すべてに連絡をして参画してもらうことである。マーケティング部門はもちろんのこと，本社の営業部門，広報部門，コンプライアンス部門，MA 部門，購買部門など実際に DTC を推進する際に少しでも関連する社内の部門を事前に調べておいてそれらの部門に正式に参加を要請する。部門によっては DTC マーケティングをよく理解していないところが

あったりするが，それも含めてワークショップのプログラムに盛り込んでおくとよい。筆者の知る限り短くても丸一日，通常は二日間に渡ってこのワークショップは開催されることが多い。また，会場も社内の会議室ではなく社外の会議室を借り切ってオフサイトで行うことも珍しくない。2021年現在のコロナ下ではリアルでの開催が難しいためリモートで開催する場合もあるようだが，リモートで開催する場合は長時間になるワークショップ開催には工夫が必要であろう。

　製薬企業以外の参加者としては，すでにDTCを委託する広告代理店やPR会社，Webサイトの構築会社などが決まっている場合はそれらの企業にも参加してもらう。患者視点を入れるためにわざと医療や医薬品に関して特別な知識がないワークショップ運営専門会社の一般社員が参加したりすることもある。

　この第2回目のワークショップの結果が，DTCコミュニケーション戦略を決める重要な基本データとなるので，ここでの討議は非常に重要である。一連の患者調査から分かったこと，ワークショップ第1回の結果の共有，社内各部門のDTCに対する意見や自社のスタンスなどもこの場で集約をしておくことが，後の実施フェーズでの進行をスムーズにする。また余談だが，大抵の場合第2回目のワークショップ終了後には参加者全員による懇親会が用意されることが多く，あたかもDTCスタートのキックオフミーティングのような熱気を帯びることもよくある。

　このワークショップ開催の段階でまだDTCを委託する外部協力会社である広告代理店やPR会社，Webサイトの構築会社などが決まっていない場合は，終了後，具体的なDTCコミュニケーションプランの立案へ向けて，これらの協力会社の選定へと移っていく。ワークショップの結果により，協力会社の業種も変わってくるだろう。1社に絞るか複数社に分けて依頼するかなどもよく検討すべきである。ワークショップの結果資料をブリーフィング資料に盛り込むのは言うまでもない。外部協力会社の選定に関しては第4章にすでに解説しているのでそちらも参照して欲しい。

　ワークショップ開催の結果，決まった内容はきちんと文書に残しておくべきことは第1回と全く同じである。

ペイシェントジャーニーマップについて

　ペイシェントジャーニーマップについても説明をしておこう。すでに製品マーケティング戦略の立案の過程で患者調査を実施し，そこからペイシェントジャーニーマップを作成して所有している企業も多いかと思うが，前述の通りDTCコミュニケーションを考えるうえでのペイシェントジャーニーマップは別物でありそれは一つではない。

　図表５-３[7]に子宮筋腫に関するペイシェントジャーニーマップのサンプルを示す。実際にはペイシェントジャーニーマップは調査会社によって表現はさまざまであるが，基本事項として病気の経過に沿ったもので，「自分が受け取った情報」，「自分が考えたこと」，「感情や感心の変化」，「そのときに受けた医療」，「自分で行った医療以外の行為」，「治療に対する考え」などを整理してある。疾患によってはかなり長い期間のペイシェントジャーニーマップが出てくる。感情や感心の変化は線を用いて表現することが多い。また，それぞれのペルソナのペイシェントジャーニーマップに対してファインディングスや課題（とくにコミュニケーションの課題）をまとめるとDTCコミュニケーションの

図表５-３　ペイシェントジャーニーマップの一例

	診断	経過観察	症状の悪化	検査	検査結果	経過観察
タッチポイント	会社指定のクリニック	会社指定のクリニック	自覚症状／WEB検索	会社近くの病院	検診の医師	WEB検索
見聞きした内容	● 会社の健康診断で子宮筋腫と診断される	● その後5年間，会社の健康診断のたびに「引き続き様子を見て行きましょう」と言われる	● あるときの生理で，夜用ナプキンが1時間持たないくらい出血量が増える ● やっと終わるかと思ったらダラダラと少量の出血が2週間ほど続く	● 念のため，子宮がんの検査をしたほうがいい ● その日のうちに別の病院でMRI撮影	● つい3ヶ月前の検査では指摘がなかったのに，筋腫が育っていた ● 念のため，3ヶ月後にまた検査	● 玄米／体を温める食材など，筋腫によいとされる食材について ● 食生活の改善で筋腫が小さくなった人もいる
思考・判断	● 突然のことで驚いたが，医師が「特に悪いものではない」と言っているので特に不安には思わなかった	● 毎年大丈夫と言われているが，何もしなくているか一瞬不安に思う ● 帰る頃には忘れている	● 昔何かの記事でホルモンバランスが崩れて異常な出血が起きることを見たことがある ● 仕事の後，すぐ行ける病院を検索する	● ホルモンバランスの乱れを疑っていたのに，がんだったらどうしよう ● 婦人科医と，他院の医師の対応の落差が辛い	● 医師の指示に従って毎年検査を受けていたのに，なぜこうなったのか腑に落ちないし，説明がないことを釈然としない ● がんでないことはよかった	● ホルモン剤は太るイメージがあっていい印象より ● 何もしないより，気休めでもいいからできることをやっておきたい
感情関心				不安ピーク「がんだったらどうしよう」	「医師と自分の温度差にイマイチ釈然としない…」「がんでなくてよかった！」	「自分でできることをやっていこう」（民間療法）
治療のハードル	● 病名はよく耳にしていたし，医師が悪いものではないと言ったことで危機感がわからない	● 医師に「大丈夫」「悪いものではない」と言われているだけに，疑問を覚えても行動するまでに至らない	● かなりの出血量のはずだが，即日受診するまでの危機感はある	● 検査内容から重篤な病気を疑って不安でいっぱいになる	● 医師にうまく質問できない（短い時間の中で即座に聞き返せない，苛立ちもセーブしてしまう） ● がんでないことで安堵	● 薬に対するネガティブイメージが，正確な情報と患者の間に壁としてある

（感情関心の行に「不安」のラベル、および「5年」の矢印、感情の折れ線グラフが記載されている）

出典：鈴木（2017）より筆者加工。

課題も見えてくる。

　ペイシェントジャーニーマップについて，これが一番正しいというものはない。作成にあたっては調査を依頼した調査会社とよく相談をして自社がDTCを考えている疾患に一番ぴったりあったフレームワークを作るとよい。また，同じフレームワークをずっと使い続けなければならないということもない。ペイシェントジャーニーマップは作成することがゴールではなく，そこからDTCを通じて患者とコミュニケーションしていくためのヒントをみいだして行くことを常に考えておくべきである。そして，DTCコミュニケーションのプランニングにおいては必要十分な数のペイシェントジャーニーマップに絞り込むことも大事である。

DTCのメッセージで用いるエビデンスデータ（数値）について

　DTCでは患者向けのキーメッセージの中に「日本人の○○人に1人が□□□疾患の可能性があります」というような数値を用いての訴求をよく見かける。この数値の使い方には注意が必要である。患者に対してインターネット調査が簡単にできるようになった現在，DTCに用いるメッセージに使用する数値を安直に自社が実施した調査結果から導き，いとも簡単にそれを客観的データであるかの様に装って利用するケースも時々見受けられる。

　2014年には読売新聞がこのようにインターネット調査のデータを利用した製薬企業のDTCのメッセージの中立性について疑問を投げかけている。詳しくは第1章第2節に述べた通りである。報道では啓発活動や論文で用いたデータの中立性に疑問を投げかけている[8]。この例では，国際的な診断基準ではうつ病の主症状とはされない頭痛や肩の痛みを主症状であるかのように訴求し，受診を呼びかけたことやもともと自社の調査データであったことを隠して利用していたことも批判されたが，広報活動の一環として行われたインターネット調査の結果数値をまわりまわって権威づけし疾患啓発活動の広告のキーメッセージに利用したことがそもそもの間違いであろう。この後の第2節でも述べるが，広報活動で行うパブリシティの情報提供では，自社でその提供を行いそれを受け取ったメディアが客観的に評価・判断して記事にするかどうかを判断する。その情報提供のために製薬企業が患者調査をすること自体は問題ではな

い。ただ，それを自社が実施した調査結果であることを隠して客観的な第三者による調査結果データであるかのように見せかけて DTC 広告の患者向けのキーメッセージに使うことは倫理的にいかがなものであろうか。報道にあるように自作自演という批判を浴びても仕方がないだろう。自社の調査結果の数値であれば，正々堂々と自社調査であることを明示するのが筋であろう。

　では，どのような数字が好ましいのであろうか。多くの製薬企業では公的な調査結果のエビデンスデータから引用した数字を DTC の患者向けのメッセージに利用している。本節の患者セグメントの部分でも述べたが，セカンダリーデータとして厚生労働省では患者調査を実施して白書を公表をしているし，その疾患に関連する学会や研究会でも疾患や患者に関する疫学調査などを実施し結果を公表している。これらの公的なデータから数字を持ってきて使用することは間違いないだろう。どうしてもぴったりとしたデータがない場合は，学会や研究会に働きかけてスタディを組んでもらったうえで，学会独自の客観的な調査を実施してもらいそれを利用させてもらう方法がよいのではないか。当然だがその調査は全面的に学会や研究会に任せることになる。できればその調査結果が論文として投稿され，医学雑誌などで採択され出版された後にその論文から引用する方がいいだろう。このようなやり方は時間のかかる方法である。そのため，DTC のキーメッセージに利用する的確なエビデンスデータがない場合は，十分なリードタイムをとって活動を開始する必要がある。

　なぜこのようなことをわざわざ本節の最後に述べるかというと，現在ではインターネットを用いた調査によって患者調査が簡単にできるようになってきており，そこで得られたデータや結果を安直にすぐに使いたくなるからである。そのデータに対して患者や製薬企業を取り巻く社会が果たして客観的で正しいと思って"信頼してくれるかどうか"ということを強く意識してもらいたい。製薬企業側の視点で使いやすいよいデータだと思っていても，医療消費者を対象としたマーケティングである DTC では，社会からそれが信頼されなければ厳しい視線や批判を浴びることになることをしっかりと認識しておくべきである。

広告と広報の違い

第3章で詳しく触れたが。2015年1月6日に日本製薬工業協会のコード委員会と医療用医薬品製品情報概要審査会の両委員長名で「テレビや新聞等のメディアを利用した情報発信活動いわゆる疾患啓発広告とタイアップ記事（広告）について」という通知が発出された[*9]。これが製薬企業各社が取り組んでいた DTC 活動の行き過ぎに対する警鐘であることは明らかであった。それまで製薬協から DTC に関する通知は一切なかったため，この通知が業界に激震を走らせたのは言うまでもない。この通知の中身は大きく二つに分かれ，一つはタイアップ記事（広告）について，もう一つは疾患啓発広告の内容についてである。タイアップ記事（広告）の記述についてはそもそも広告とタイアップの要件をしっかりと分かっている者が製薬業界には少なかったため戸惑う企業も多かった。筆者もこの通知のタイアップ記事（広告）に関する記述について解題をして欲しいとの依頼を受け，数社で関係社員向けに「広告と広報の違い」から説き起こす講演をしたくらいである。本節では，分かっているようでしっかり理解できていない「広告と広報の違い」について説明をするとともに医療用医薬品の DTC においてタイアップ記事（広告）がなぜ通知を発出してまで注意喚起をしないといけないかについても解説したいと思う。

広告と広報

広告については，ほとんどの人は毎日消費財のあふれるような広告に接しており，医療者向けにも医学専門誌などで製品広告を出稿しているためその理解は進んでいるはずだ。広告の定義にある三つの要件として「有料」，「非人的コミュニケーション」，「識別可能な広告主」があげられる[*10]。新聞広告を例に見てみよう。新聞に広告を出稿するためには，広告を出す紙面スペースによって新聞社が規定した広告料金を支払わないといけない（有料である）。また，新聞に掲載された広告は読者が新聞を読むことにより認知される。営業マンが話すわけではない（非人的）。そして，広告の中には必ずどこかに広告主が明示されている（識別可能な広告主）。つまりお金を払って，スペースや時間を買

い，そこに自らの意志のあるメッセージを載せて伝えればそれはどのような名称をしていても広告の要件にあてはまるということである。

　一方，広報についてはどうだろう。製薬業界に限らず他の産業のベテランビジネスマンであっても広報部門に所属する者以外は広報に関する理解はあまり深いとは言えない。筆者もかなりの頻度で広告と広報を同義に捉えている人に出会い困惑することがある。広報の定義は，「組織体とその存在を左右するパブリックとの間に，相互に利益をもたらす関係性を構築し，維持をするマネジメント機能である」[*11]となっており，組織体（企業など）とパブリック（ステークホルダー）との信頼関係をよくしていき持続していくことである。これで見る限り，広告とは異質で混乱することはなさそうだが，実際には混乱が起きている。その原因の大きなところは，広報活動の一つの手法であり，またその活動でかなりの比重がおかれるパブリシティの存在だろう。これについて説明をしよう。

　パブリシティの定義は，「企業や団体が，新聞，雑誌，テレビ，ラジオなどの各種のメディア（客観的な報道機関）に対して，公共との関わりのある情報を提供し，そのメディアに主体的に報道してもらうことである」[*12]となっており，これを見るとメディアが出てきたり，情報の提供があったりとしっかり理解をしておかないと広告と混乱しそうである。図表5－4に広告と広報（パブリシティ）の違いを項目ごとに比較したものを掲げる。ここで見て欲しいのは，広告ではスペース取り（位置やサイズ）は広告主の自由であるが，広報（パブリシティ）では掲載するかしないかはメディアの判断により，いくら情報を提供してもメディアが価値があると判断しない限り全く掲載されないし，たとえ載っても小さな扱いのこともある。また，訴求内容やデザインも広告では広告主の自由であるが，広報（パブリシティ）ではメディアの編集に一任され，情報を提供した企業は一切口出しなどできない。ではなぜ企業は広報（パブリシティ）活動を行うかというと読者や視聴者から見て広告とパブリシティによる記事や報道の信頼度が大きく違うからである。広告は商品・サービスの販売が目的であり，その広告主のメッセージは読者や視聴者がどうしても割り引いて見るのが普通である。一方，記事や報道はメディアが自社の判断により客観的に取材などを行い情報を掲載しているため，これに掲載されたり，報道されれ

図表 5-4　広告と広報（パブリシティ）の違い

広告	比較事項	広報（パブリシティ）
商品・サービスの販売	目的	理解と信頼の獲得
マーケティング	機能	マネジメント（経営管理）
広告局	交渉窓口	記者，編集者，プロデューサー
媒体選択は完全に自由	メディアミックス	ニュース価値の判断は個別のメディアによる
広告主の自由（スペース売買のため）	スペース取り（位置，サイズの決定権）	情報提供のみで，掲載は媒体側の判断
広告主が決定（計画的，繰り返し実施可能）	露出タイミング	報道（媒体）側が決めるため不確定（掲載は1回のみ）
公序良俗，関係法規，媒体考査基準に反しない限り100％自由	訴求内容	媒体側の編集に一任（コントロールは不可）
購入したスペースの範囲内で自由	デザイン	媒体側の編集に一任（コントロールは不可）
大がかりな仕掛けが一気に可能	キャンペーン	スロービルディング
有料	媒体コスト	無料（PR会社への報酬はかかる）
広告主からのメッセージなので割り引いて見られる	信頼度	報道（媒体）による客観情報のため高い

出典：大森（2006）より筆者改変。

ば読者や視聴者はその情報を信頼し，注目することになる。

二つの広報

　広告と広報の違いを明確に理解していないことに加えて，広報活動にも2種類あることが理解するうえでのややこしさを増している。広報をかなり理解している人であってもイメージする広報活動は，たいてい企業広報（コーポレート・コミュニケーション）だけである。企業にはその規模の大小を問わずだいたい広報部（コーポレート・コミュニケーション部）という部門，あるいは広報担当者が総務部などに存在しており，その主な活動は企業広報である。

　一方，もう一つの広報には製品広報（商品広報）がある。二つの広報を整理したものを図表5-5に示す。企業広報は，企業としての姿勢や戦略を幅広いステークホルダーに訴求することによって企業価値を高め，ステークホルダーと

図表 5-5　企業広報と製品広報・商品広報

●企業広報（コーポレート・コミュニケーション：CC） 　企業内の部署：広報部，コーポレート・コミュニケーション本部など 　対　　　　象：企業を取り巻くすべてのステークホルダー
●製品広報・商品広報（マーケティング PR：MPR） 　企業内の部署：製品広報部，商品広報部，マーケティング本部 　対　　　　象：その企業の製品・サービスの顧客（潜在顧客）

出典：筆者作成。

良好な関係を構築し，望ましいレピュテーション（企業の評判）を獲得することを目的としている。企業広報は理解し易いと思うので，ここでは製品広報について詳しく説明する。欧米ではマーケティング PR（MPR：製品広報，商品広報）と呼ばれ，その企業の製品やサービスの顧客との関係性をよくしていくことを目的にしている。古川らは，これを「マーケティング目的を達成するためのパブリック・リレーションズ戦略および手法の活用である。その目的は，社会的需要基盤の開発，製品ブランドの認知・理解の獲得，需要への刺激，そして消費者と製品・サービスブランドの間に長期にわたる関係性を構築することである」[13] と定義している。

　このマーケティング PR が医療用医薬品では，DTC-PR となることはすぐに理解できるだろう。筆者が『DTC マーケティング』[14] でマーケティング・コミュニケーションのツールとして「PR」をあげたところ[15] 二つの広報の違いを理解していない読者の混乱を招いたようだ。DTC-PR もそうだが，マーケティング領域で PR といった場合はマーケティング PR のことを指す。マーケティング PR では前述の定義のようにマーケティング活動と密接に連携し，自社の製品やサービスの認知度の向上を図り，販売促進に寄与する役割を持っている。また，主な手法としてパブリシティを多く用いることから PR と言わずに単にパブリシティと言う者もいるが，パブリシティ以外の活動もあるので正しくはマーケティング PR と言うべきである。製薬業界ではマーケティング PR 実施のために製品広報部と言うような名称で専門の部署が設置されていたり，専門の社員が配置されていたりする場合もある。一般消費財の企業でも商品広報部と言う部署が存在し，マーケティング PR を担当している。

2015年1月6日発出日本製薬工業協会の通知について

　本節のはじめでも触れたが，平成27年（2015）1月6日に（製薬協発第6号）通知「テレビや新聞等のメディアを利用した情報発信活動いわゆる疾患啓発広告とタイアップ記事（広告）について」[*16]が発出された。DTCマーケティングの普及によって行き過ぎたDTC広告に対して医療関係者だけでなく一般からの指摘も出てきたことからの通知の発出らしい。この通知で述べられている「タイアップ記事（広告）」について少し説明したい。タイアップとは一体どういうものであろうか。すぐに回答できる者は少ないだろう。図表5-6に広告活動と広報活動の位置づけを図式化したものを示す。広告が100％有料な活動なのに対して，広報活動は100％無償である。PR会社（広報代理店，PRエージェンシー）などに活動を委託した場合はその活動に対しての対価を支払うが，それは記事を掲載するメディアに対しての支払いではない。

　純粋な広告（純広告と呼ばれ，商品広告など）と純粋な広報（純パブリシティ）は対極に位置づけられる。その間には記事体広告，ペイドパブリシティ，タイアップ，ノンクレジットなどと呼ばれるものが存在する。先にこれらの用語解説をしておこう。

［記事体広告］

　"記事"のような"体裁"をした"広告"から来た言葉。記事ではなく広告で

図表5-6　広告活動と広報活動の位置づけ

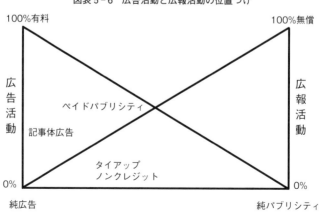

出典：筆者作成。

ある。原稿には必ず広告主名と広告であること（「広告」や「企画」というクレジット）を記載する必要がある。記事体広告の取り扱いはメディアの広告部門が窓口となる。よく"記事広告"と言う者がいるがそれは誤用である。英語では，Advertising（広告）と Editorial（編集）を合わせた造語 ADVERTORIAL と言われるようだ。

[ペイドパブリシティ]

　メディアにお金を払って，通常の新聞記事やテレビ番組のような形で読者や視聴者へお金を払った者の意向に沿った情報を発信する手法である。「広告のように見えない広告」であるが，メディアが客観的に取材した結果の記事や番組ではない。記事体広告に似ているが，お金を払う先がペイドパブリシティでは，取材や編集をする編集部門が窓口であることが多い。TV では番組を制作するプロダクションであったりもする。パブリシティという言葉がつくため，広報活動の一つと勘違いされやすいが広報活動ではない。

[タイアップ，編集タイアップ，タイアップ広告]

　雑誌などに「広告」や「企画」などのクレジットをせず，広告主も明示せず，メディアにお金を払って編集ページと区別のつかないページを作り，読者にお金を払った特定の企業の意向が反映された内容であるということが分からないようにした広告をすることを言う。タイアップは広告である。前述のペイドパブリシティと同様に広報活動の一つと勘違いされやすいが広報活動ではない。

[ノンクレジット]

　前述の記事体広告は，広告であるので必ず広告主や広告であることを明示する必要がある。広告であるのにこの明示をしないことをノンクレジットと言う。本節の冒頭で説明したが，お金を払って，スペースや時間を買い，そこにお金を払った者自らの意志のあるメッセージを載せて伝えればそれはどのような名称をしていても広告の要件にあてはまり広告とみなされる。ノンクレジットにしたら広告でなくなるなどと広告会社から説明をされても誤解することのないようにしたい。そのような魔法はあり得ない。

　製薬協から発出された「タイアップ記事（広告）」に関する通知に話を戻そう。そもそもこの通知が発出される端緒となったのは，2013 年 12 月 11 日の新聞報道にみることができることはすでに第 1 章で述べた。繰り返しになるが，

がん患者向けの雑誌に掲載された記事が実は製薬企業のタイアップで"抗がん剤の広告"にあたる可能性があるとして厚生労働省が調査を開始したということが報じられたのだ*17。この報道によると「厚生労働省は製薬業界に自主ルールの策定と再発防止を求める方針だ」*18 としており，この後の通知発出につながったと推測される。

通知では，一般的な用語の定義として「タイアップ記事（広告）：企業が新聞・雑誌・テレビなどのメディアに直接的・間接的を問わず費用提供することで書かれる記事や放映される番組などのこと」*19 と説明して警鐘を鳴らしている。

筆者の知る限り，このような一般紙誌から製薬企業へのタイアップ（提案する際の呼び名はさまざま）の企画提案は広報部門ではなくマーケティング部門や営業部門であることが多い。広報部門は広報の専門家であるから，お金を払い医療用医薬品の製品名を記載して一般紙誌でタイアップをすることがあってはならないことはすぐに理解できるはずである。一方，マーケティング部門では，数十万円のお金を払うだけで自社の製品に関する記事が一般紙誌に製品名を明示して書いてもらえるのであれば，こんな良いことはないと思ってしまうのだろう。売り込むメディアが言葉巧みに「タイアップは広告ではありません。これはうちの記事として掲載しますから大丈夫です。読者への情報提供です」などと説明したとするとそう思ってしまうかも知れない。中には広告にあたると認識していながら掲載料を支払った企業がいた可能性もあったかもしれない。第1章でも触れたが，もっと巧妙に広告代理店が通信社*20 にお金を払って特定の医療用医薬品の記事を書いてもらいそれを配信するという事件なども報じられている。通信社の場合，単独のメディアと違い加入している多くのメディアがその配信を利用することになるので事態は大きくなる。2017 年 2 月 1日，抗凝固薬の記事をめぐり大手広告代理店がそのグループ会社を使って大手通信社の子会社にお金を払って記事を作り，配信していたことが報じられた*21。この報道によると配信され地方紙に掲載された医療用医薬品の記事には「広告」や「PR」などの明記はどこにもなくごく普通の記事の体裁だったようだ。また，大手広告代理店のグループ会社の担当者が「払ったお金は記事配信の成功報酬だった」と認めたとも報じている。そして，医薬品の記事の見返

りにお金が支払われるという関係は，この大手広告代理店側と通信社側の間で少なくとも 2005 年から続いていたということである*22。

　このようなことを製薬企業が 1 社でも犯してしまうと事件はその 1 社だけに対する批判には留まらず，社会の目は製薬業界全体がそういう体質であるとみてしまい批判が高まっていく可能性がある。広報活動は地道な活動によって成果が現れてくるものである。安直にお金を払ってお手軽に記事を作るという考え方そのものを戒めるべきである。また，一般紙誌や広告代理店からタイアップやお金の支払いが伴う記事作成などの企画提案があった場合は，名称の如何を問わずそれが正しい方法なのか社内の広報部門やコンプライアンス部門などの専門家の意見を聞くなど慎重な対応をすべきである。

　広告と広報の違いは，薬機法*23 などの法令や業界内の自主規範が厳然と存在する製薬企業にとっては消費財企業とは比べものにならないくらい重要な違いであることを認識しておくべきである。薬機法や医薬品等適正広告基準による広告の規制については第 3 章第 3 節に詳しく触れている。

[注]
＊1　田中（2015），p. 193。
＊2　すでに世の中に公開されている政府の白書や各種組織・団体から出ている統計データ，データベース会社などが提供する市場調査データなどのこと。独自に調査をして得るデータに比べて入手コストが安価である。
＊3　企業などが独自に調査したデータのこと。セカンダリーデータと比べて，独自に設計して調査を行いデータを得るのでコストは高価である。
＊4　総務省（2021）。
＊5　杉本（2017）。
＊6　同上。
＊7　鈴木（2017）より加工。これは楽天リサーチが提供するペイシェントジャーニーマップで，一般的な WEB マーケティングにおけるインタビューを介さない WEB サイト構築用のジャーニーマップとは目的や手法が異なるのでご留意されたい。
＊8　『読売新聞』2014 年 2 月 19 日付け，朝刊。
＊9　日本製薬工業協会・コード委員会・医療用医薬品製品情報概要審査会（2015）。
＊10　AMA（アメリカ・マーケティング協会）（1988）。
＊11　スコットら（2008），p. 8。
＊12　猪狩編著（2007）。
＊13　古川編著（2010），P.112。
＊14　古川（2005）。
＊15　同上，p18。
＊16　日本製薬工業協会・コード委員会・医療用医薬品製品情報概要審査会（2015）。
＊17　『読売新聞』2013 年 12 月 11 日付け，朝刊，39 面。

*18　同上。

*19　日本製薬工業協会・コード委員会・医療用医薬品製品情報概要審査会（2015）。

*20　自らはメディアを持たず，独自に取材したニュースの資料などを主として報道機関（新聞社や放送局）に提供する機関のこと。例えば地方紙などはあらゆるニュースを自社だけで取材してカバーすることが難しいので，このような通信社からの配信記事を自社の記事として掲載することになる。

*21　渡辺（2017）。

*22　同上。

*23　正式には「医薬品，医療機器等の品質，有効性及び安全性の確保等に関する法律」（旧薬事法）。

第 6 章

疾患啓発 Web サイトの重要性と
インターネットの活用

1. 疾患啓発 Web サイトの重要性
2. インターネットを活用したコミュニケーション手法の基本

医療用医薬品のマーケティングとして日本にもしっかりと普及した感がある DTC マーケティングだが，日本に紹介され導入され始めた 20 年前から大きく変わったことと言えば，インターネットの活用によるコミュニケーション手法の飛躍的な進歩であろう。初期のころもすでにインターネットは存在し，一部の疾患啓発活動で Web サイトを構築することは行われていた。ただ，その当時はインターネットスキルのある比較的若い年齢層の患者が対象となる疾患に限られ，高齢者が対象の疾患では患者がインターネットを利用できないという理由から，マスメディアを中心に利用した手法に頼らざるを得ないと考えられていた。

現在では，スマートフォンの普及が著しく「2011 年にスマートフォンの個人保有率は 14.6％であった」[*1] が，2020 年には 69.3％と 10 年間で約 5 倍に上昇している[*2]。これによりパーソナルコンピューター（以下「パソコン」）を使えなくてもインターネットを利用した情報の恩恵に預かれる様に変わってきた。インターネット利用端末の種類の推移をみるとスマートフォンが増加傾向にあり，2020 年にはパソコンが 50.4％なのに比べてスマートフォンは 68.3％[*3]（図表 6-1）となっている。2019 年の年齢階層別のインターネット利用率をみると 13 歳～59 歳の各階層で 9 割を超えていて，60～69 歳で 90.5％，70～79 歳で 74.2％，80 歳以上でも 57.5％となっている[*4]。このような状況により，現在実施されている製薬企業各社の DTC では疾患啓発用 Web サイトを構築して提供していないものはないと言ってもよいだろう。また，インターネットを利用し

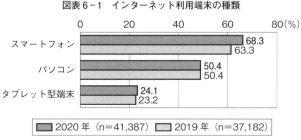

図表 6-1　インターネット利用端末の種類

注：当該端末を用いて過去 1 年間にインターネットを利用したことのある人の比率
出典：総務省（2021），p.308。

たターゲティングツールも消費財分野ではさまざまに提供されており，これを援用して特定疾患の患者をターゲットとした効率的なコミュニケーションが可能になってきている。

　本章では，現在の DTC マーケティング活動ではその中心的存在となった感がある疾患啓発 Web サイトの構築についてとインターネットを活用したコミュニケーション手法のうち Web 広告の基本的な用語などについて解説をしたいと思う。

 # 疾患啓発 Web サイトの重要性

　疾患啓発 Web サイト（以下「サイト」）を構築していく際の大まかな流れを図表6-2に示す。一般的なサイト構築方法に関してはさまざまなノウハウ情報が提供されており，構築を受け持つサイト構築会社が詳しいので，本稿では DTC におけるサイトを構築する際に留意すべきことに限って説明をしていきたい。

[サイトのコンセプトを決める]

　第5章で患者調査の重要性について詳しく述べたが，この患者調査の結果を受けてサイトのコンセプトを考えていく。考え方のポイントは次の通りである。

・そのサイトのコミュニケーションゴールは何か（例えば，サイト訪問者の疾患情報理解，治療方法理解，病院検索など）。
・そのサイトで情報を伝えていく患者はどのような患者か。
・サイトを訪れる患者はどんな情報を欲しがっているのか。
・同じ疾患領域の他社のサイトでは何が足りないか。
・DTC の他のプログラムやメディアとサイトの連動はどう取るか。

　患者調査がきちんとできていて，ワークショップ第2回で議論がつくされていれば，サイトのコンセプトはかなり明確になっていくはずである。これに加えて，同じ疾患領域で他社がサイトをすでに構築していることも多いので，競合他社のサイト分析とそれを参考にした自社サイトの差別化も考えるとよい。その際には，サイトでコミュニケーションをする為のコンテクスト（文脈）が共

図表6-2　疾患啓発Webサイト構築のフロー

1. Webサイトのコンセプトを決める（患者調査などから）

2. 競合他社の同じ領域のWebサイト分析，差別化

3. Webサイトに掲載するコンテンツの検討（キラーコンテンツ）

4. 病院検索機能の位置づけの検討と決定

5. コンテンツの更新頻度や追加スケジュールの決定

6. 想定仕様デバイス（PCかスマートフォンか）の決定

7. Webサイト構築委託会社の選定と提案書

8. 作成作業と社内の内容チェック，KOLの監修

9. コーディング，システム実装，公開

10. Webサイトの最適化，SEO対策，集客施策，広告など）

出典：筆者作成。

有されていることも重要なポイントである。

[Webサイトに掲載するコンテンツの検討]

　競合他社のサイトがあってもなくてもサイトに掲載するコンテンツの検討はサイト構築の際に最も重要な項目である。製薬企業の提供以外でも病気に関するサイトはたくさん存在し，それらのコンテンツ内容が正しいかどうかは別として，情報を欲しがる患者が数多く閲覧しているサイトがあるのも事実である。すべてのコンテンツの質を高くして差別化して提供するには準備が大変である。そのため，患者が最もみたいと思う魅力的なコンテンツ（キラーコンテンツ）の開発を最優先しそれを中心に他のコンテンツも充実していくとよいだ

ろう。

[病院検索機能の位置づけ]

　製薬企業が提供する疾患啓発 Web サイトの特徴として多くのサイトで病院検索機能が用意されていることだろう。そのサイトを訪れて自分の病気について正しい知識を持った患者は，次に受診行動に移ることが多い。その際に自分が行くべき医療機関をそのまま同じサイト内で検索できることは患者にとって便利なことである。いままでこの病院検索に関しては，製薬企業が独自に構築するものとサードパーティが提供する病院検索サービスを利用するものに二分されていた。しかし，平成28年（2016）7月15日に日本製薬工業協会から発出されたお知らせ[*5]により，「会員各社の製品や疾患に関心がある一般人を対象としたコンテンツ」に関して，「特定の医療用医薬品の推奨につながる表現はできない」[*6]としていくつかの留意点をあげている。その中で「⑩ 疾病に関連する病院検索サイトについては，自社製品の納入先のみの掲載はしないこと。ただし，診断・治療ができる医療機関が限られるなど自社製品の処方誘因とならない場合はこの限りではない」[*7]として，病院検索に関して厳しく明文化をしている。このため，お知らせの発出後は自社内で MR を動員して施設ごとの承諾を取りながら独自に自社で病院検索機能を構築することはかなり難しくなったのが現実である。

　サードパーティの提供する検索機能を利用したとしても自社製品の納入先のデータベースと紐付けをするなどすれば，この指針から外れることになるので十分に注意が必要である。

[想定使用デバイスの決定]

　本節の冒頭で述べたようにスマートフォンの普及が著しく，パソコンを利用しなくてもインターネットを利用できるようになった現在，疾患啓発 Web サイトにアクセスしてくる患者の使用デバイスもスマートフォンの比率が増えている。特に40代以下の世代は，すでにパソコンよりスマートフォンの利用率が高くなっており[*8]，想定するデバイスでスマートフォンは外せなくなってきている。スマートフォンを優先するかパソコンを優先するかは，その疾患の対象年代をよく考えて決定すべきである。画面のデザインなどスマートフォン用とパソコン用ではかなり違ってくるので，レスポンシブ Web デザイン（スマホ

とパソコン両方に対応するデザイン）を用いることは今や当たり前となっていることを理解しておこう。

[サイト構築委託会社]

　疾患啓発用のWebサイトを構築する際は，専門の構築会社に委託することが多い。いままではDTCというと大手総合広告会社にすべてのコミュニケーションプログラムの推進をまとめて委託することが多かったが，最近はWebサイトの構築に関しては製薬企業ですでに別のWebサイトの構築を経験している専門会社に委託する例を見受ける。大手総合広告会社に委託してもグループ会社や下請けの専門会社に再委託するのであれば，最初から自社に実績のあるところに委託する方が効率的かもしれない。Webサイトの場合，他のメディアを利用した広告や印刷物と違い，常にコンテンツの更新をして行く必要があり，サイトへの来訪者の分析をして，サイトがきちんと見られているかの分析やSEO対策などを行いサイトにユーザーを誘導する為の施策運用をしなくてはいけない。構築して公開してしまえば終わりということではないので，継続的に付き合っていける会社がよいということになるのだろう。図表6-2にはさまざまなことを社内で決めてからサイト構築会社を選定するという順序になっているが，実際は1.のコンセプトの決定から委託を決めた構築会社と進めていくことも多いようだ。各社によって進め方は自由であってよいと思うが，一番気をつけておかなければいけないのは，あくまでも戦略や方向性，運用の仕方は製薬企業側でしっかりと決める必要があるということである。何も考えずに委託会社に丸投げをした場合，それなりのサイトしかできないことになる。

[作成作業と社内の内容チェック，KOLの監修]

　サイトの作成はサイト構築会社がスケジュールを決めて進めていくが，同時に製薬企業側ではその内容を逐一チェックする必要がある。各社によって社内審査の方法やそれにかかる時間は違ってくる。消費財のサイト構築に慣れているサイト構築会社などは，なぜ製薬企業の疾患啓発Webサイトになると社内でのチェックに時間がかかるのか理解できなかったりする。最初にその仕組みを説明しておき，スケジュールにも反映してもらうのがよい。前出の製薬協の平成28年（2016）7月15日のお知らせでは，「疾患解説に関するコンテンツ掲載にあたっては以下の点に留意し，営業部門から独立した社内審査体制の主管

部署による社内審査を経ること」*9 と留意点を 11 個挙げて詳細に決めているのでしっかりとした審査が必要となる。

　また，前述の留意点の ⑨ として「疾病を具体的に説明する場合は，医療関係者の監修を付けることが望ましい」*10 とも記載されている。このお知らせが発出される以前から製薬企業ではサイトの内容について KOL の監修を受けていたので，これは大きく変わることではないが，気をつけなければならないのは医師や医療関係者は疾患や治療法に関して権威者であっても製薬業界の自主規範の内容まで熟知しているわけではないことである。これだけ細かく指針が出されている以上，それらを遵守するための内容チェックは製薬企業が責任を持って行うべきである。監修を得ているから法令や自主規範から逸脱してもよいということにはならない。

2. インターネットを活用したコミュニケーション手法の基本

　前節で述べてきたサイトを構築して公開すればそれでインターネットを活用した DTC は終わりということではない。従来のマスメディア，特に TV を利用した DTC 広告と疾患啓発の Web サイトとの大きな違いは，見る者が自らその Web サイトに訪問しなければならないことである。TV であれば，スイッチが ON になっていればしっかりと TV を見ていなくても自然と流れてくる TV 広告に接触することになる。サイトではこうはいかない。DTC でコミュニケーションをしたい対象となる患者にいかに自社のサイトに来てもらうか，そして見て欲しいコンテンツをしっかりと見てもらうかということを考えなければならないことがマスメディアの広告と大きく違うところである。

　自社で構築し公開したサイトにターゲットである患者に訪問してもらうために用いられる Web 広告は，技術の進化に伴い現在ではさまざまな手法が提供されている。図表6-3に Web 広告のトレンド変遷を掲げた。この図からも分かるように 1996 年ころは従来のマスメディアと同じように「どのメディアやどの枠を買うか？」という発想であった。バナー広告がこれに該当する。それが 2002 年ころには「どのキーワードを買うか？」というリスティング広告が登

図表 6-3　Web 広告のトレンド変遷

アドテクノロジーの進化により，広告出稿の自動化・ユーザー行動の可視化が可能に。
自社保有データや第三者データを活用した配信で広告効果の最適化。
PC からスマートフォンへの移行。

| どのメディアや枠を買うか？ | ●1996 年ごろ〜　純広告（バナー，メール） |
| | ●1999 年ごろ〜　アフィリエイト広告 |

- ●1996 年ごろ〜　純広告（バナー，メール）
- ●1999 年ごろ〜　アフィリエイト広告
- ●2002 年ごろ〜　リスティング広告
- ●2003 年ごろ〜　コンテンツ連動型広告（コンテンツマッチ）
- ●2008 年ごろ〜　興味関心連動型広告（インタレストマッチ）
  リターゲティング広告
  アドネットワーク広告
- ●2010 年ごろ〜　アドエクスチェンジ（アドネットワークの一元管理）
- ●2011 年ごろ〜　DSP（Demand Side Platform）/SSP（Supply Side Platform）
- ●2012 年ごろ〜　DMP（Data Management Platform）
  動画広告，インタラクティブ（体験型）広告
- ●2014 年ごろ〜　ネイティブアド（コンテンツと同化した広告）
- ●2015 年ごろ〜　PMP（Private Market Place）
  ※参加者限定型アドマーケットプレイス
- ●2016 年ごろ〜　スマートフォンシフトの加速

「どのメディアや枠を買うか？」「どのキーワードを買うか？」「行動ターゲティング」「枠から人へ オーディエンスターゲティング」

出典：株式会社インテージ コンシューマーセントリックコミュニケーション部（2017）。

　場し，2008 年ころからは行動をターゲティングする興味関心連動型広告（インタレストマッチ）が登場することになる。よくインターネットでいろいろな Web サイトを見ているとどこに行っても常に同じ広告が追いかけてくるあの広告手法のことである。見る者個々人の興味や関心が分析され関連する商材の広告が連動して表示されるのである。2011 年ころからは大きな変化があり，従来の広告枠を購入する方法から人を中心に据えるオーディエンスターゲティングが登場してきた。DSP（Demand Side Platform），SSP（Supply Side Platform），DMP（Data Management Platform）などと呼ばれるツールやプラットフォームが代表的な例である。最近では Apple や Google などのモバイルや広告のプラットフォーマーがモバイル広告識別子の規制や 3rd Party Cookie の廃止により，これらの広告プラットフォームを活用したデジタルマーケティングのあり方も，短期的な獲得を目的としたデジタルコミュニケーションから長期ストック型のデジタルコミュニケーションへと変容することが予想されるので，これから具体的な戦略立案をする際にはデジタルマーケティングの経験が豊富な専門家にも相談することが必要となってくるだろう[11]。

　インターネットを利用したコミュニケーションのうち，自社が開設し公開したサイトにユーザーに訪問してもらうことは大前提となる。その方法としてさまざまな Web 広告を用いるのだが，Web 広告のプランニングに際しては，打ち合わせなどでインターネットや Web 広告の新しい用語が頻繁に出てくるため，製薬企業の中でも Web マーケティングなどの専門部署の人でないと戸惑うことが多い。基本的な言葉の意味をここで解説する。

[バナー広告]

　Web サイトのバナー上にある広告である。バナーとは「広告の入った横断幕」の意味である。バナー広告にはリンクが埋め込まれていてこれをクリックすることで広告主の Web サイトの指定したページに誘導される仕組みになっている。サイズはいくつかの規格があるので，出稿する広告枠のサイズに従って広告を作り分ける必要がある。横断幕が原義だが，必ずしも横長とは限らず，正方形や縦方向のものもある。また，同じサイズでも何種類かの広告原稿を同時に制作してどの広告クリエイティブが一番反応がよいかなども検証することが多い。

[アフィリエイト広告]

　商品購入や資料請求など，成果に応じて費用が発生する成果報酬型の広告である。バナー広告は Web サイト上の広告枠に掲載することで広告費が発生するが，アフィリエイト広告は掲載されただけでは広告費は発生しない。また，クリックされただけでも課金されず，クリックしたユーザーがコンバージョン（例えば，そのサイトにある病院検索のコンテンツで「検索」をするアクション）をした場合に広告費が発生する。

　メリットとしては，無駄な広告費をかけずにリスクのないコミュニケーションを行うことができる。インセンティブをつけた場合など短期間で成果を上げることが可能である。一方，デメリットとしては，インセンティブフックの場合，購入後の継続や定期購入などのリテンションにはつながりにくい可能性がある。

[リスティング広告]

　検索エンジン（Yahoo! や Google など）で検索した際に検索キーワードに応じて検索結果が連動して画面に表示されるクリック課金型の広告である。画面

の自然検索結果の上部に「広告」として表示される。

　メリットとしては，すでに検索したキーワードに関して情報を欲している顕在層に向けた広告だから，他の広告より Web サイトを訪れた後のコンバージョンが高くなる。一方，デメリットとしては，キーワードは入札によってその価格が決まることである。誰もが欲しがるキーワードだと単価が高くなることもあり，キーワードの選定や買い方にはノウハウが必要である。

[動画広告]

　Web サイト内で TV 広告のように動画を流す広告である。Yahoo! のトップページのバナー枠の「ブランドパネル」などは有名である。バナー枠の「ブランドパネル」などはインバナー広告と呼ばれているが，YouTube などの動画プレイヤー内でコンテンツの前後に数秒間流れるものをインストリーム広告，SNS やニュースサイトなどのコンテンツの間に入り込むタイプをインフィード広告*12 と言う。

　メリットとしては，映像や音声を用いて豊富な情報量を流し訴求することができる。一方，デメリットとしては，TV 広告などと同様にクリエイティブの制作に時間と費用がかかることがある。

[ネイティブアド]

　コンテンツの掲載面に自然に溶け込ませることで，コンテンツの一部として見てもらうことを目的とした広告のことである。インターネットの世界での呼び名で紙媒体での「記事体広告」や「ペイドパブリシティ」に似ているが，インターネットの世界では概念が違うと言うことだ。しかし，お金を払う広告であることには間違いないので，第5章で説明したように医療用医薬品の DTC 広告では十分に注意することが必要だろう。

[DSP]

　Demand Side Platform の略で，広告出稿を支援する技術ツールの名称である。広告枠の購入者（＝広告主）が広告効果の最大化を図る際にそれを支援する。広告主側が行う予算管理，入稿管理，掲載面の管理，ターゲットの属性などに基づいた最適な広告枠の選定など配信条件の最適化を行うための機能を備えている。

[SSP]

Supply Side Platform の略で，前述の DSP が広告主側の支援であるのとは逆に広告枠の提供者（＝媒体社）の広告収益の最大化を支援する技術ツールである。主に，広告のインプレッションが発生するごとに最適な広告を自動的に選択し，媒体社の広告収益性の向上を図るといった仕組みが提供されている。

[DMP]

Data Management Platform の略で，インターネット上での利用者属性や行動データを一元管理するプラットフォームの名称である。蓄積されたインターネット上での利用者データをもとに広告配信を効率的にすることができる。利用者の性別，年齢，関心・興味，Web サイトの閲覧情報などを第三者である企業（メディア）が提供する「パブリック（オープン）DMP」と，企業が自社の持つ Web ログや顧客 DB などのデータを蓄積，管理，分析する「プライベートDMP」の 2 種類がある。パブリック DMP では，株式会社インテージが提供するプラットフォーム「di-PiNK」などがある。

[CTR]

Click Through Rate の略で，日本語ではクリック率と言う。Web 広告で，表示された広告回数に対するクリック数の比率を表す。広告クリック数÷広告表示回数＝CTR。CTR により広告を見た人がどれのくらいの割合で Web サイトに訪れたかが分かる。CTR が高いほど効率の良い広告と言うことができる。

[CPC]

Cost Per Click の略で，広告をクリックした 1 回あたりの金額のことを表す。日本語ではクリック単価と言う。広告料金÷クリック数＝CPC。CPC の金額が低いほど，その広告は効率的にユーザーをサイトに連れてきていると言うことができる。

[CVR]

Conversion Rate の略で，日本語ではコンバージョン率と言う。そのサイトにアクセスしたユーザーのうちコンバージョンに至った比率を表す。コンバージョンに至った人の数÷サイト全体の訪問者数＝CVR。例えば，コンバージョンを「病院検索機能で検索を終了する」としておけば，サイトを訪れた人のどれくらいの割合が病院検索をしたかが分かる。

[CPA]

Cost Per Acquisition の略で，日本語では成果単価または顧客獲得単価と言う。CPA は Web 広告の場合は，CV（コンバージョン）1件あたりにかかった広告費用を示すことになる。広告料金÷コンバージョン数＝CPA。「病院検索を終了する」をコンバージョンとした場合，その人が医療機関を受診する確率はそれ以外の人よりは高くなるはずだ。この費用は Web 広告を実施した際に最も重要視されるものとなる。

これらの Web 広告を駆使して自社が構築したサイトに対象となる患者に訪問してもらうように広告展開を考えるのであるが，インターネットの世界ではどの広告によってサイトを訪問したか測定できる仕組みになっている。定期的にこの測定数値を確認して，採用する Web 広告や広告表現の内容を見直していく作業が必要になってくる。Web サイトは構築し公開するまで大変な作業であるが，同じくらいに公開後のコンテンツ更新や Web 広告施策の検証作業は重要である。Web サイトへのアクセス解析における考え方や用語についても説明をしておこう。

Web サイトへのアクセス解析について

ここまで Web サイトの構築とそこへ対象となる患者に訪問してもらうための Web 広告について述べたが，自社が構築したサイトを訪問したユーザー[13]についてどのように検証（解析）していけばよいかについても基本的な考え方を紹介し用語の説明をしたい。

マスメディアの広告効果を計ろうとした場合，どうしてもサンプル調査に頼らざるを得ない。サンプル調査の結果はあくまでも統計的に母集団を代表しているだろうという推定であって実数の結果ではない。ところが，サイトへのアクセス数は実数である。サイト内の閲覧行動に関しての数値も実数である。このため，DTC のコミュニケーションで Web サイトが重要視されてきてからはこのアクセスの解析に各社が力を入れているのである。前にも述べたが，サイトの場合印刷物とは違って構築して公開すればそれで完了ということではない。むしろ公開した後の検証の方が重要で，いかにしてサイトを改善して効率よく運用していくかが肝となる。そのために定期的に Google Analytics[14] など

のアクセス解析ツールを使って分析を行っていく。

アクセス解析を行う基本的な考え方は次の通りである。

①製薬企業がその DTC で想定したシナリオに沿ってユーザーがサイト内を閲覧移動して，見てもらいたいコンテンツや病院検索機能などにたどりついているかを分析する。

②サイトを公開した際に想定したキラーコンテンツなど重要なコンテンツをしっかりと閲覧してくれているかを分析する。

③Web 広告からアクセスしてきたユーザーが，すぐに離脱せずにうまくサイト内を移動してくれているか。

④公開前に想定した指標と比べて実際に数値が確保されているか（課題が発見されれば改善策を講じる必要がある）。

Web サイトへのアクセス解析を行う際によく出てくる用語を解説しておこう。

[ページビュー数（PV）]

サイト内の特定のページ（ユニークな URL）ごとの累計閲覧回数のこと。サイトがどのくらい閲覧されているかを測るための最も一般的な指標である。

[ビジット数（訪問数）]

サイト全体におけるユーザーの訪問回数のこと。同一ユーザーの再訪はカウントする。一人で 5 回訪問すれば，ビジット数は 5 である。

[ユニークユーザー数（UU）]

一定期間にサイトを訪問した人数のこと。同一ユーザーの再訪はカウントしない。前記ビジット数との違いは同じ人が何回も訪問しても UU は 1 となる。

[セッション数]

Web サイトへアクセスしたユーザーがサイト内を閲覧移動してサイトから出て行くまでの一連の行動をまとめて「1 セッション」と言う。Google Analytics では 30 分ルールを設けており，同じユーザーの閲覧であっても，各ページの閲覧開始時間の間隔が 30 分を超えたら，それぞれのページの間でセッションを切る（異なる訪問としてカウントする）というルールである。

[滞在時間]

1 回のセッション中にユーザーが滞在した時間のことである。これが長いほ

ど優良なコンテンツが揃っていると一般には考えられる。

[直帰率]

　外部からサイトを訪れたユーザーが最初のページから他のページに行かずにそのサイトを退出した割合のことを言う。この直帰率が高い場合，ユーザーがそのサイトで初めて訪れるページで情報を適切に伝えられていない可能性がある。

[コンバージョン（CV）]

　Webサイトを訪問するユーザーに期待する「目標を達成する行動」のことを言う。具体的には，ECサイトであれば「商品の購入をする」，企業広報サイトであれば「資料請求をする」などである。疾患啓発Webサイトでは，「病院検索機能で検索を終了する」などをCVとすることが多い。

[コンバージョン率（CVR）]

　そのサイトにアクセスしたユーザーのうちコンバージョンに至った比率を表す。コンバージョンに至った人の数÷サイト全体の訪問者数＝CVR。例えば，コンバージョンを「病院検索機能で検索を終了する」としておけば，サイトを訪れた人がどれくらいの割合で病院検索をしたかが分かる。

[入口ページ]

　1回のビジット内でユーザーが最初に閲覧したページのこと。

[出口ページ]

　1回のビジット内でユーザーが最後に閲覧したページのこと。

[新規訪問者数]

　一定の期間内にはじめてサイトに来たユニークユーザーの数。

[再訪問者数]

　一定の期間内にサイトを再訪したユニークユーザーの数。

　これらの用語を理解したうえで，Webサイトへのアクセス解析を定期的に実施していくことになる。たいていの場合，サイトの構築と運営を委託した専門会社が定期的に「Webサイトアクセス解析レポート」を作成して報告をしてくるはずである。サイトの公開前に想定をした各種の数値と実際の数値が大きく乖離している時は何らかの問題が発生している可能性がある。サイト全体を

検証するとともに一つ一つのコンテンツでも検証を実施し，芳しくないコンテンツについては更新や代替を早めに進めたい。定期的な Web サイトへのアクセス解析を通じてサイトを常に改善して効率よく運用していくことが必須である。

　本章では，疾患啓発 Web サイトの構築とインターネットを活用したコミュニケーション手法の基本のみを述べてきた。インターネットで利用される技術や提供されるソリューションは日々進歩しており，消費財で登場した新しいソリューションがそれほどの時間差なく DTC マーケティングでも応用される時代となってきた。医療用医薬品を扱う DTC マーケティングにとって新しいソリューションは，十分な検討をしてから採用すべきであるのは当然だが，有効と思われるものについては積極的に活用していってほしいと思う。

[注]
＊1　総務省（2021），p. 308。
＊2　同上，p. 307。
＊3　同上，p. 308。
＊4　同上，p. 308。
＊5　日本製薬工業協会・コード・コンプライアンス推進委員会・医療用医薬品製品情報概要審査会（2016）。
＊6　同上。
＊7　同上。
＊8　総務省（2017），p. 8。
＊9　日本製薬工業協会・コード・コンプライアンス推進委員会・医療用医薬品製品情報概要審査会（2016）。
＊10　同上。
＊11　NRI JOURNAL（2021）。
＊12　インフィード広告は一般的な広告用語で動画広告に限らない。広告が出稿される場所を表している。例えば TV 広告でも番組の途中に入る広告で「タイム」以外の広告のことを「インフィード」と呼び，「スポット」と分けている。
＊13　サイトを訪問する者が必ずしも患者だけではないので，ここではユーザーという言葉をあえて使用する。
＊14　Google Analytics とは，Google が無料で提供する Web ページのアクセス解析サービスのこと。大企業だけでなく，中小企業や個人であっても登録設定をしておけば Web サイトのアクセス解析をすることができる。

第 **7** 章

これからの
DTC マーケティングを考える

第 1 章では日本の DTC マーケティング 22 年間を振り返ってみた。本章では締め括りとしてこれからの DTC マーケティングを考えてみたい。

①. これからの DTC の目指すところ

　第 1 章で述べた日本の DTC マーケティング変遷の中で筆者が第 2 期と位置づけた時期に，一部の製薬企業ではマーケティングマイオピアに陥っていたのではないかと考える。マーケティングマイオピア（マーケティングの近視眼）とは，Levit が 1960 年に説いたものである[*1]。ご存じない人のために簡単に説明をしておこう。Levit は，米国において鉄道事業が衰退したのは，旅客と貨物輸送の需要が減ったのではなくそれらの需要は増え続けていたにもかかわらず，鉄道事業者は自らの事業を「客や貨物の輸送事業」とはとらえずに鉄道事業と考えていたために顧客を自動車，トラック，航空機に奪われてしまったのだと述べている[*2]。自らの事業の目的を輸送事業と考えず，鉄道事業をすることが目的と近視眼的に考えてしまったからだということである[*3]。同様に映画産業における TV（エンターテイメント産業という考え）の登場，最近では TV 放送産業におけるインターネットの登場が同じマーケティングマイオピアによる事例と考えることができるだろう。翻って製薬業界では DTC マーケティングを近視眼的に「患者に情報を伝えて医療機関を受診させること」すなわち病院誘導を唯一の目的ととらえていたのでないだろうか。図表 7-1 に「DTC マーケティングの近視眼」を掲げる。患者の目的は医療機関を受診することなのだろうか。確かに患者が医療機関を受診して医師により確定診断がなされ，薬物治療が始まれば製薬企業としては目的が達成されたように思うかもしれない。しかし，このように DTC の目的を近視眼的にみているとやがて活動に限界が生じるのは当然であり，ただ単に目的達成のために不正な手法に目が眩んで過ちを犯し，企業を取り巻く社会からの厳しい批判を浴びることになるのは自明のことである。図表 7-2 に「本来の姿の DTC マーケティング」を掲げる。患者は自分の病気を治したいために医療機関を受診するのである。疾患啓発（DTC）活動の本来の目的は，患者に幸せになってもらうことではないだろ

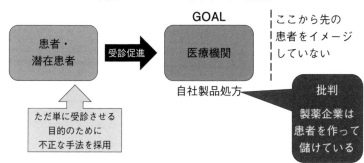

図表7-1　DTCマーケティングの近視眼

出典：筆者作成。

図表7-2　本来の姿のDTCマーケティング

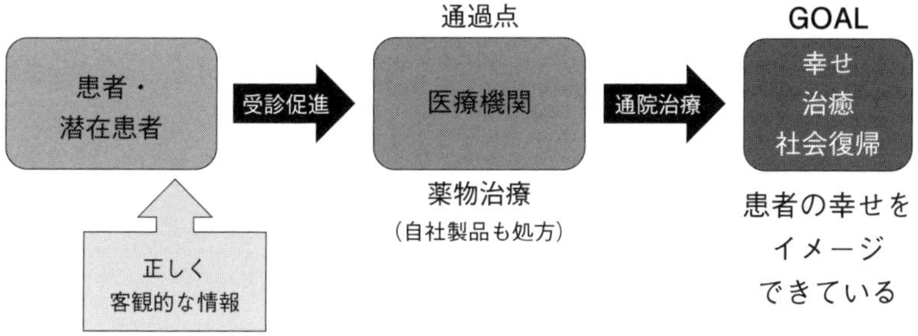

出典：筆者作成。

うか。病気が治ったり，軽くなったりして患者の幸せや社会復帰につながることを基本に考えなければDTCマーケティングの目的は達成されたと言えないだろう。そのために疾患啓発（DTC）活動を通じて，病気の治療や患者の社会復帰すなわち患者の幸せに貢献するのが製薬企業本来の姿であると考える。医療機関の受診と医薬品による治療はその通過点でしかない。

　このようにDTCマーケティング本来の目的を設定して活動を行っていくのであれば，社会から厳しい批判が出てくることもないだろう。むしろ理解を得ることができれば好感さえ抱かれることになると考える。これからDTCマーケティングの実施を考えている者はこのことをしっかりと根底に考えて計画をして欲しいと強く思うものである。

2. 疾患啓発（DTC）研究会の「疾患啓発綱領」

　第1章で詳しく触れたが製薬企業が実施するDTC活動の行き過ぎに対して不適切であるというメディアの報道などもあり，実施を予定していた各社から「何をしてよいのか，何をしてはいけないのか」という疑念が持ち上がり，実施内容について悩み始める企業も出てきた。もとより患者のためになる情報提供活動であれば「してはいけない」ということはそれほど多くはないと筆者は考えているが，ここで問題となったのはDTC活動に関する基本的な指針が製薬業界内に存在しなかったことである。このような状況下，疾患啓発（DTC）研究会[*4]では製薬業界における疾患啓発（DTC）活動に関する実施状況や実施意向を把握したうえで，その道標となる「綱領」を策定すべきとの意見が出され，2019年に同研究会内に疾患啓発綱領策定委員会が発足した。その後委員会では疾患啓発綱領（案）を策定して，会員会社をはじめとする各社への「疾患啓発活動実態調査」を行い，同研究会のWebサイトでパブリックコメントを募集するとともに患者団体，業界団体，業界メディアからヒアリングを行って内容を修正し，綱領の正式版を2020年7月に発表している。

　「疾患啓発活動実態調査」の結果は回答社のみに開示されており，一般に公開はされていないが，報道機関向け資料の中から結果の一部をみてみよう。図表7-3は「DTC活動の実施に際しての『情報源』」について尋ねた結果である。「Webサイト上の情報」が一番多く，次に「広告会社の担当者」，「書籍や文献」，「PR会社の担当者」と続いている。各社がどのように活動をしていったらよいか，統一された指針がないためにあらゆる方面から情報を入手して試行錯誤しながら進めている状況が分かる。業務を委託発注する先の広告会社やPR会社から情報を入手するのは比較的易しいのはよく分かるが，先に述べた不適切であると指摘された活動の多くが業務委託先からのミスリードにより実施されたものであることを考えるとこれらが上位に位置するのは好ましいこととは思わない。何よりも製薬企業が実施した活動についての最終責任は当該企業が取るべきであり委託した企業ではない。業務委託先からの企画提案をそのまま採用したというような理由では実施企業としての責任を逃れることができ

図表 7-3　DTC 活動の実施に際しての「情報源」

問　貴社で疾患啓発(DTC)活動の実施に関して参考とするための情報源としているものは
次のどれですか？　※複数回答，n＝43 社

情報源	度数	％
Web サイト上の情報	28	65％
広告会社の担当者	27	63％
書籍や文献	19	44％
PR 会社の担者当	17	40％
疾患啓発(DTC)研究会の定例会	15	35％
製薬業界内の友人・知人	15	35％
商業セミナー	8	19％
その他	5	12％

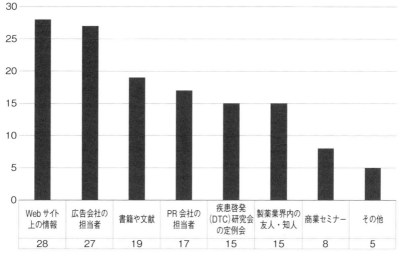

Web サイト上の情報	広告会社の担当者	書籍や文献	PR 会社の担当者	疾患啓発(DTC)研究会の定例会	製薬業界内の友人・知人	商業セミナー	その他
28	27	19	17	15	15	8	5

出典：疾患啓発（DTC）研究会（2020）。

ないことを改めて認識すべきである。

　2020 年 7 月に発表された「疾患啓発綱領」の全文を図表 7-4 に掲載する。
この綱領では疾患啓発（DTC）活動の基本原則となる六つの行動基準をその中
に定め，疾患啓発活動に携わる者がここに謳われている行動基準に沿った活動
に努めるとともに迷った時の道標として利用することを想定している。

　図表の条文を見ながら六つの行動基準に触れてみよう。

図表 7−4　疾患啓発綱領

2020 年 6 月 10 日

疾患啓発綱領

「背景」
　近年，疾病に対する新規治療法や対処法は日を追うごとに，複雑かつ詳細になってきています。しかし，患者さんやそのご家族，一般の方がインターネット等で入手する様々な医療情報の中には根拠に乏しい内容も混在しており，場合によっては治癒の遅延や症状の悪化につながりかねません。よって製薬企業は，病気に苦しむ患者さんに対して適切かつ十分な疾患情報を速やかに提供することで疾患を認知させ，よりよい治療の選択に患者さん本人が参加できるよう努めなければなりません。そこで，製薬企業が患者さんやその家族，一般の方に向けた疾患に関わるさまざまな啓発活動を実施する際の基本原則をここに定めました。

「序文」
　本綱領では，製薬企業が疾患に係わるさまざまな啓発活動をともに進める団体・組織や協力会社とともに，それぞれの立場を尊重し，たがいに協力して使命を達成するため，基本となる行動基準を定めて疾患啓発活動に関わる倫理の向上に寄与することを目的としています。

「理念」
　われわれ製薬企業において疾患啓発活動に携わる者は，正しい治療を適切に受けられず苦しむ患者さんを減らし，豊かで健康的な生活を送る人々を増加させることに真摯な気持ちを持って取り組まなくてはなりません。また，疾患啓発活動が社会に与える影響の重大さを認識し，製薬企業本来の社会的責任を果たすことを使命とします。

「行動基準」
(1) 患者さん中心
　疾患啓発活動に携わる者は，患者さんやそのご家族が最適な行動を取るために必要な情報を提供しなければならない。疾患に対する患者さんの不安や治りたいという望みを理解し，より健康につながる方法を示すことで，患者さんの利益を守ることが最優先されること。
(2) 公明正大
　疾患啓発活動は，順法，公明正大，誠実，科学的，客観的でなければならない。関係法令や業界内自主規範，倫理規範，社会一般常識を遵守し，多くの有識者が認めるエビデンスに基づく公正な内容を提供すること。
(3) 偏りのない情報
　疾患啓発活動で提供する情報は，自社の利益を優先した情報に偏ることなく，患者さんやそのご家族が置かれた状況や立場を最優先に考えて提供しなければならない。考え得る全ての治療選択肢や薬物療法以外の健康的なライフスタイル（食事療法や運動療法）についても合わせて情報提供を行うこと。
(4) 分かり易い表現
　疾患啓発活動で伝える情報は，患者さんやそのご家族が理解しやすいよう，わかりやすい文章表現を心がけなければならない。患者さん向けの資材はそれを見る人の視点で作成し，医学的なデータは分かりやすく平易に解説することで，治療を続ける動機づけにつなげること。

(5) 不安・不快にさせる表現や繰り返しの排除
　　疾患啓発活動では，情報を受けとる人が不安・不快に感じる表現や頻度とならないよう細心の注意を払わなければならない。その表現は患者さんやそのご家族の不安をあおるような恐怖訴求は厳に慎み，治療を進めた後に目を向けさせる前向きな内容が望ましい。また，コミュニケーションの頻度は適度なバランスを考え，患者さんが必要とするタイミングに合わせて情報を提供すること。

(6) 自由意志の尊重
　　疾患啓発活動に携わる者は，健康水準を高めるために医学的に望ましいと考える意思決定を，患者さんが自由意志のもと選択できるよう活動しなければならない。患者さんを中心に据え，最終的に患者さん本人の判断を最大限に尊重すること。

「まとめ」
　　多くの患者さんは，自分が健康になるための正しい情報がタイムリーに得られれば，本当に心強く思うのではないでしょうか。疾患啓発活動に携わる者は，患者さんの周囲にいる家族や医療関係者・団体・組織等と協力し，患者さんを直接応援する役割を担っています。今後，本綱領に定めた基本原則に則りそれぞれの企業が積極的な取り組みを行うことで，疾患啓発活動について社会からの理解が深まり，製薬企業の責務を果たす前向きで重要な取り組みとして認知されていくことを期待します。

出典：疾患啓発（DTC）研究会（2020）。

(1) 患者さん中心

　ここでは，疾患啓発活動に携わるものの最も重要な心構えを述べている。活動はあくまでも患者の利益のためであるということが述べられている。前節に述べたように病気が治ったり，軽くなったりすることが患者の幸せや社会復帰につながることを基本に考えなければならないということである。

(2) 公明正大

　ここでは，実施する活動の内容についてコンプライアンス遵守とエビデンスの公正さが述べられている。第 1 章でも企業倫理を問われた事件について述べているが，このようなことはあってはならないことであり，データも含む活動の内容がエビデンスに基づく公正な内容であることが謳われている。

(3) 偏りのない情報

　ここでは，活動に用いる情報に偏りがあってはいけないことが述べられている。前節で述べた DTC マーケティングのマイオピアに陥ると自社に有利な情報だけになったり不正な手法に惑わされることになるので，ここでも患者のことを第一に考えた情報提供が必要と説かれている。

(4) 分かり易い表現

　ここでは，活動で患者に伝える情報が分かり易い表現であることを述べている。当たり前と思うかもしれないが，医療や薬学についての専門知識をもつ製薬企業の作成する患者向けの情報は難しくなりがちである。何よりもその情報を正確に伝えようと思ったらかなり平易な表現にしないと伝わらないことを理解すべきである。

(5) 不安・不快にさせる表現や繰り返しの排除

　ここでは，過去の実際にあったDTC広告の恐怖訴求の事例への反省から患者の不安をあおるような表現を慎むように述べている。患者に疾患への気づきを与えるために強調された表現方法が提案されることもあるが，その疾患の患者の気持ちを思えば不安・不快になるような表現は避けなければならないのは当然のことだろう。

(6) 自由意志の尊重

　ここでは，治療を受ける患者の自由意志を尊重しなければならないことが述べられている。薬物療法が一番の治療法と分かっていても最終的に治療の判断は患者本人がすべきでありそれを最大限に尊重すべきことが謳われている。

　この「疾患啓発綱領」に謳われている行動基準に製薬企業への強制力はない。しかしながら，製薬業界の中でわかり易い指標が示されたことは実際に活動を担当する者やその実施を判断する上層部にとっては大変好ましいことだと考える。この種の綱領は時代の流れとともに内容も更新されていくものと思っている。これからDTCマーケティングにてこの綱領を活用した企業からの実際の声も反映しつつさらに内容が充実，改良されていくことを願っている。

3. 今後注目される新しいソリューション

　2009年に上梓した『新版DTCマーケティング』*5の最後にはその当時として筆者が注目する新しいソリューションを紹介している。「メディカルコールセンター」は第1期のDTC活動ではマスメディア広告に反応した人たちの問い合わせ窓口として大活躍をすることになった。「デジタルサイネージ」はす

でに医療機関に来院しているターゲットに対する効果的な情報提供メディアとして現在のDTC活動にはなくてはならないものとなっている。本書でも筆者が考えるこれからの新しいDTCのソリューションをいくつか紹介したい。

MCF：オンライン問診システム「SymView」による疾患啓発支援

　治療や診断のための医療機器や病院やクリニックの院内ではさまざまなデジタル機器が利用されており，患者の利便性は昔より格段に良くなってきている。その中で唯一アナログ対応の紙ベースで残っていたのが"問診票"であろう。その問診票にもついにシステム化の波が到来し，現在では「WEB問診システム」が急速に普及しつつある。その背景にあるのは昨年2020年からの新型コロナウイルスの感染拡大とそれに伴い加速したオンライン診療の存在が大きいと言える。このオンライン問診システム「SymView」を提供しWEB問診をリードしているのがMCF（株式会社メディアコンテンツファクトリー）である。

　MCFでは，このWEB問診システムを活用した疾患啓発と受診促進の新しいソリューションの提供を始めている（図表7-5）。仕組みとしては，問診システム本来の目的である受診予定の医療機関固有の問診の後に疾患に関するアンケートを表示する形である。このアンケートで特定疾患について「症状はどの程度か」「医師へ相談したことはあるか」「その疾患のリスクを理解しているか」などを質問していく。質問に答える中でその疾患についての理解（特に疾患のリスク）を深めてもらい，これから受診をする医療機関で相談してもらうことを促す仕組みとなっている。アンケートの中で疾患啓発の動画を流したり，アンケート終了後に製薬企業の疾患啓発WebサイトのURLを提示して誘導することも可能ということである。

　MCFによるとすでに実施したパイロットケースでは，全アンケート対象者の15%程度が回答しており回答者の真摯な姿勢がうかがえるという。またアンケート回答者の約1%が「今からの診察時に医師に相談したい」と答えており，受診直前の意識向上としては大きな効果があるのではないかと期待している。この「SymView」は2022年度には1000万件以上の問診情報が集まる予定で，患者の受診ハードルが最も低いタイミングで実施できるこのソリューション

図表7-5 オンライン問診システム［SymView］による疾患啓発支援

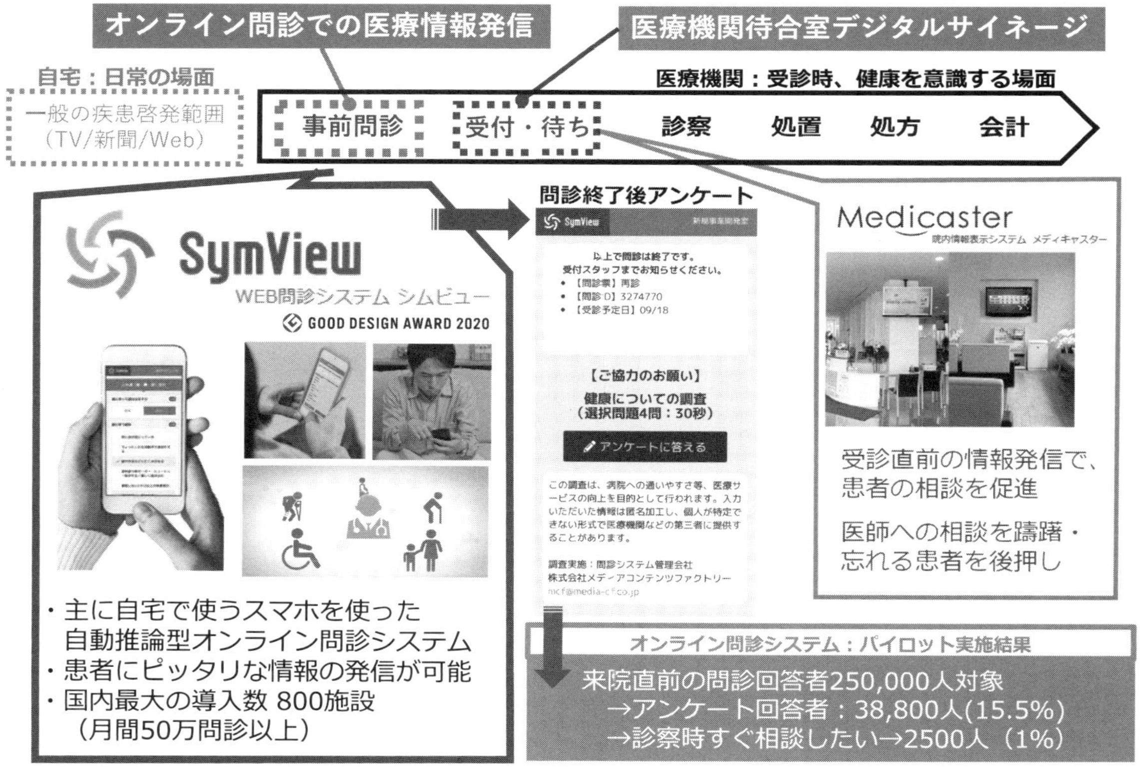

出典：株式会社メディアコンテンツファクトリー 社内資料。

は，同じMCFの提供する院内サイネージとともに今後のDTCマーケティング
のコミュニケーションで普及していくことが期待される。

ADEX／GMOR：P. E. Reach（Patient Extract Reach／PE リーチ）

　最近のDTCでは，当該疾患に関する疾患啓発Webサイトが重要な位置づけ
になっていることはすでに前章で述べた通りである。多くのDTCでサイトを
軸に対象患者に正しい情報を伝えて行くことが多いのだが，サイトの宿命とし
ていくら素晴らしいコンテンツを揃えてサイトを公開してもそこに来て欲しい
人に来てもらわない限り，全く意味がないただの箱になってしまう。製薬企業
各社は広告会社などに依頼をしてサイトへのターゲットの流入施策を展開する
のだが，従来あるネット広告よりも精度が高く効率的に流入を誘導できるソ
リューションが登場してきたので紹介をしたい。ADEX（株式会社日本経済広
告社）とGMOR（GMOリサーチ株式会社）の共同開発による「P. E. Reach／
PE リーチ」という疾患啓発Webサイトへの誘導に特化したサービスである。
仕組みとしてはGMORの持つ日本最大級のアンケートモニター1845万人から
疾患啓発の対象となる者を抽出してアンケートメールを送り，アンケートにす
べて答えてくれた者に当該疾患啓発Webサイトへ誘導を促すという仕組みで
ある（図表7-6）。このソリューションでは予め回答者数やサイトへの誘導数
を積算して保証をしてくれる。対象者は予めアンケートに回答することにより
サイトに訪問した後もサイト内を長く回遊して情報に深く接する傾向がある。
これが従来あるネット広告と大きく違う所だろう。ネット広告でサイトの訪問
者をいくら増やしても数秒で直帰してしまっては，折角よいコンテンツを揃え
ていても意味がない。また，アンケート回答者に一定期間経過後の行動変化の
追跡調査ができることもよい点だろう。なかなかDTCでは対象者の行動変容
の実態を知ることができないので貴重なデータとなるはずだ。

　モニター数が多く，対象疾患に制限がない「P. E. Reach」の今後の普及に期
待したい。

Buzzreach の患者特化型 SNS「ミライク」の DTC 活用

　SNSが普及してきた現在，第5章で紹介した通り調査手法でもMROCのよ

図表7-6　ADEX×GMOリサーチ [P. E. Reach（PEリーチ）]

■日本最大級1,845万人のアンケートモニターからターゲットを抽出し疾患啓発サイトへ誘導！

実施の流れ

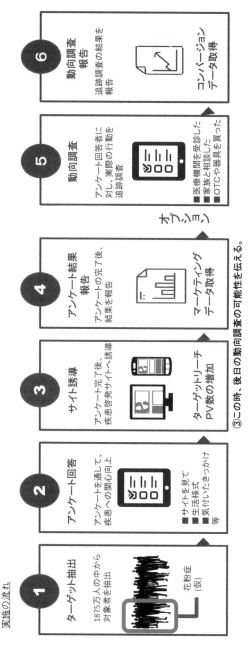

①ターゲット抽出
1875万人の中から対象者を抽出
花粉症（仮）

②アンケート回答
アンケートを通して、疾患への関心を向上
■サイトを見て
■生活様式
■気付いたきっかけ
等

③サイト誘導
アンケート完了後、疾患啓発サイトへ誘導
ターゲットリーチ
PV数の増加

④アンケート結果報告
アンケートの完了後、結果報告
マーケティングデータ取得

⑤動向調査
アンケート回答者に対し、実際の行動を追跡調査
■医療機関を受診した
■家族と相談した
■OTCや器具を買った

⑥動向調査報告
追跡調査の結果を報告
コンバージョンデータ取得

オプション

③この時、後日の動向調査の可能性を伝える。

出典：株式会社日本経済広告社／GMOリサーチ株式会社　社内資料。

うなクローズドなオンラインコミュニティを利用する方法が一般的となってきており，すでにDTCの患者インサイト調査でも活用されている。DTCマーケティングにおいてさまざまな局面でSNSがうまく活用できないか製薬企業各社は模索してきたが，その回答となるソリューションがついに提供されることになった。

　治験支援クラウドサービスや医療情報インフラ，一般向け医療支援アプリなどを展開している株式会社Buzzreachでは，2021年秋から患者特化型SNS「ミライク」（図表7-7）のサービスの提供を始めており，すでに製薬企業数社がDTCでの試験運用も行っているとのことである。同社によるとこの「ミライク」では「自分と同じ悩みをもった患者同士が繋がり，共に相談し合うことで精神的安心や安堵感，新たな改善情報などを得ることができる」としている。同じ境遇で悩む患者同士がお互いの反応を知り情報共有したりアドバイスしたりすることで，深い患者コミュニケーションが生まれる仕組みとなっていて，患者に特化したSNSである。患者は一定条件を承諾することにより無料でこのミライクの利用ができるようになる。

　ミライクをDTCで活用する場合大きく二つの方法がある。一つは，参加する患者の体験談や声を集めてペイシェントジャーニーマップ（PJM）化し，そのペイシェントジャーニーマップをもとにDTCに用いるコンテンツを作成してコミュニケーションに利用するものである。もう一つはミライクをコミュニケーションメディアと位置づけ，患者への疾患啓発活動を行ったりペーシェントサポートプログラムを提供することにより治療の継続がうまくできるようにすることである。

　現在ミライクは，新型コロナウィルスのワクチン接種者追跡・安全収集アプリとして製薬企業に採用されており，それまで正確に収集できなかったワクチン接種者の安全性・副作用情報をリアルタイムで集めることに利用されている。近い将来，この「ミライク」を製薬企業がペイシェントジャーニーマップや疾患啓発活動，ペイシェントサポートプログラムなどDTCマーケティングで広く活用していくことになるだろう。

　以上，各社の三つの新しいDTCソリューションを紹介したが，これからも

図表 7−7　Buzzreach の患者特化型 SNS［ミライク］

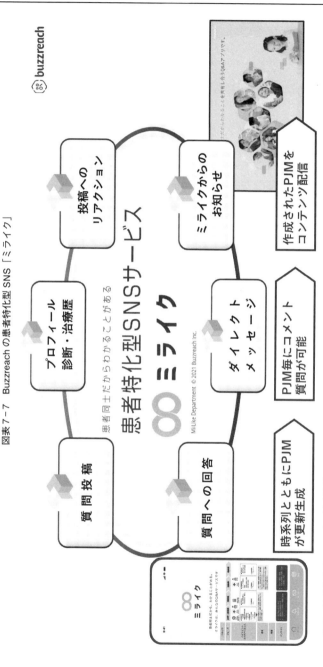

出典：株式会社 Buzzreach　社内資料。

工夫された新しい DTC ソリューションがどんどん登場してきて患者のために
有効利用されていくことを祈りたい。

[注]
＊1　Levit（1960），pp. 52-69。
＊2　同上。
＊3　同上。
＊4　2011 年 3 月 11 日に創立されて，2016 年 6 月 20 日に現在の名称となった。2021 年 7 月現在製薬
　　企業 55 社が参画する業界内唯一の DTC に関する研究や情報交換，会員に対する教育や研修，DTC
　　に関する調査研究などを行う団体。筆者はその発足に尽力をし，現在専務理事を務めている。
＊5　古川（2009）

おわりに

　筆者が初版の『DTCマーケティング』を書き始めたのは2004年の夏過ぎのころであった。その大元になった研究をしていたのは2001年4月から2003年3月まで在籍した明治大学大学院のころであり，その時の修士論文に大幅に書き足して初版の上梓になった。現在が2021年であるからこの研究テーマと向き合ってすでに20年という歳月が過ぎたことになる。初版『DTCマーケティング』は好評で2009年11月に改訂版『新版DTCマーケティング』も上梓させてもらった。しかし，この新版は2005年の初版の各章に4年分の新しい情報を追記したのと新たに1章を書き足したに過ぎなかった。そのころからどんどん日本でもDTCマーケティングは盛んになり，このテーマを研究する人や実際にDTCに携わる人も一気に増えたように感じる。新しいマーケティング手法も業界の中で10年経ち身近になってくるとなんでも分かった気になるもののようだ。本書の第1章で述べた日本のDTCマーケティング第2期の「行き過ぎ」や「社会からの批判」はそんな時に起きたと思っている。残念な思いでいっぱいであったがこの時期がしばらく続くことになってしまった。

　今回の第三版だが，すでに同じテーマで3冊も本を出していると改めて同じテーマで書くことに正直なところかなり気が重かった。新しい知見や情報は論文で発表したりWebサイトやメルマガでタイムリーに情報提供をすればそれでよいではないか。なかなか筆が進まない中，ふと思い出したのは初版を書いている時のことだった。「日本にDTCマーケティングに関することがきちんとまとめられていて基本が学べるテキストがないのです」という声に励まされながらこれに答えるべく一気に筆が進んでいったのだった。そうだ，これだ。製薬業界も世代交代が進んでいて，初期のころにDTCに係わった人たちに比べて今の人たちはいろいろな手法や事例は身近に溢れているが，基本について簡潔に網羅的にまとめられた本を通じて学ぶ機会は少ないだろう。そういう人たち向けに親しみやすい基本的な内容にすればよいのではないか。そう気付いて

から初めに本書に盛り込もうとしていた内容を大幅に絞り込み思い切って基本だけにしてみた。章立ても7章以内に抑えた。そしてテキストという位置づけにするのであれば，初版，新版に続く今回のタイトルは「第三版」がよいだろう。版元によると同じテーマで「第三版」が出せるのはそれほど多いことではないそうだ。この第三版が初版の時のように多くの人に役に立つことを願っている。マーケティングの本は出した時から内容が古くなり始めるのは承知している。常に新しいDTCの情報を追い求めている人は本書以外に疾患啓発（DTC）研究会への参加を勧める。弊社のメルマガでも常に情報発信をしている。何よりDTCマーケティングが本当の意味で患者さん志向の新しい時代となった今，これからも患者さんのためになるこの活動が末長く続いていくことを祈りたい。

※筆者はDTCマーケティングなど医薬品マーケティングに関する情報をメールマガジン「PharMarketing News」によって製薬企業の皆さまに無料で提供をしている。興味のある方は以下のホームページにあるメルマガボタンから申し込んでほしい。（https://abc-onsulting.co.jp/）
※同じホームページで，オーストリアの綺麗な風景写真をパソコンなどの壁紙用にデータで提供している。こちらも興味のある方は利用しみてほしい。（非営利の個人利用に限られる）

2021年9月

古川　隆

参考文献

AAAA（米国広告業協会），(1996) "Definition offered by the American Association of Advertising Agencies Committee on Integrated Markeing Communications", *Harvard Business Review*, Vol. 27, No. 9, p29.（訳）有賀勝（1996），「統合型マーケティング・コミュニケーション（IMC）の実際」ダイヤモンド社。

AMA（アメリカ・マーケティング協会）(1988)「『マーケティング辞典』」における広告の定義」。

Castagnoli, G. W. (1995) *Pharmaceutical Marketing in The 21st Century*, CRC Press（訳）佐賀國一監，医薬品マーケティング研究会訳（1997），『医薬品産業の課題とマーケティング戦略』，pp. 279-293，日本能率協会マネージメントセンター。

Consumer Health Information Corporation (1999) "Consumers Call for Clarity in DTC Ads" http://www.consumer-health.com/consumers-call-for-clarity-in-dtc-ads/ 2021年10月7日アクセス。

Duncan, T. & Moriarty, S. (1997), *Driving Brand Value*, The McGraw-Hill Companies, Inc.（訳）有賀勝（1999）『ブランド価値を高める統合型マーケティング戦略』ダイヤモンド社。

Duncan, T. (2002), *IMC: using advertising and promotion to build brands*, The McGraw-Hill Companies, Inc.

Findlay, S, D. (2001), "Direct-to-Consumer Promotion of Prescription Drugs: Economic Implications for Patients, Payers and Providers", *PharmacoEconomics*, Vol. 19, No. 2 pp. 109-119.

Freeman, L. (1998), "Aggressive Strategy Helps Propel Claritin to Top Slot", *Advertising Age*, Vol. 69, No. 11.

Guttmann, A. (2021) "Direct-to-consumer spending of the pharmaceutical industry in the United States from 2012 to 2020", Statista, https://www.statista.com/statistics/686906/pharma-ad-spend-usa/ 2021年8月19日アクセス。

Hollon, M. F. (1999), "Direct-to-Consumer Marketing of Prescription Drugs: Creating Consumer Demand", *The Journal of the American Medical Association*, Vol. 281, No. 4, pp. 382-384.（訳）古谷直子（1999）「処方薬の消費者向け（DTC）マーケティング 消費者需要の創生」『JAMA日本語版』8月号，pp. 109-111，毎日新聞社。

Holmer, A. F. (1999), "Direct-to-Consumer Prescription Drug Advertising Builds Bridges Between Patients and Physicians", *The Journal of the American Medical Association*, Vol. 281, No. 4, pp. 380-382.（訳）古谷直子（1999）「処方薬の消費者向け（DTC）広告は患者と医師の架け橋である」『JAMA日本語版』8月号，pp. 106-108，毎日新聞社。

Iacobucci, D. (2001), *Kellogg on Marketing*, John Wiley&Sons, Inc.（訳）奥村昭博・岸本義之

（2001）『ノースウエスタン大学大学院ケロッグスクール　マーケティング戦略論』ダイ
　ヤモンド社。

IBM Business Consulting Service（2002），（訳）（2003）『Pharma 2010：イノベーション再定
　義―Threshold of Innovation』IBM ビジネスコンサルティングサービス。

Kotler, P.（1991），*Marketing Management: Analysis, planning, and Control, 7th edition*,
　Prentice-Hall, Inc.（訳）村田昭治監修，小坂恕・正田聡・三田村優美子訳（1996）『マー
　ケティング・マネジメント（第7版）』プレジデント社。

Kotler, P.（1999），*Kotler on Marketing by Philip Kotler*, Simon & Schuster Inc.（訳）木村達
　也訳（2000）『コトラーの戦略的マーケティング』ダイヤモンド社。

Kotler, P.（2000），*Marketing Management: millennium edition, 10th edition*, Prentice-Hall,
　Inc.（訳）恩蔵直人監修，月谷真紀訳（2001）『コトラーのマーケティング・マネージメ
　ント　ミレニアム版（第10版）』ピアソン・エデュケーション。

Kotler, P. & Armstrong, G.（1997），*Marketing: An Introduction, 4th ed.*, Prentice-Hall, Inc.
　（訳）恩蔵直人監修，月谷真紀訳（1999）『コトラーのマーケティング入門　第4版』ピ
　アソン・エデュケーション。

Levit, T.（1960），*Marketing Myopia*, Harvard Business Review，（編集部訳）「新訳マーケティ
　ング近視眼」『DIAMOND ハーバード・ビジネス・レビュー』第26巻，第11号，pp. 52-
　69，ダイヤモンド社。

NIHCM Foundation（2001）．*Prescription Drugs and Mass Media Advertising*, The National
　Institute for Health Care Management Research and Educational Founadation.

Niles, S.（2009），"Traditional media is alive and well（for now）", *MedAdNews*, Vol. 28, No. 5,
　pp. 6-14.

NRI JOURNAL（2021）「Cookieless の時代にデジタルマーケティングをどう再構築するの
　か」https://www.nri.com/jp/journal/2021/0721　2021年8月29日アクセス。

Percy, L.（1997），*Strategies for Implementing Integrated Marketing Communications*, NTC
　Publishing Group.（訳）小林太三郎監訳，清水公一・中山勝巳訳（1999）『実践・IMC 戦
　略』日経広告研究所。

Schultz, D. E.（2004），（訳）中尾麻衣子（2004）「次世代統合マーケティングコミュニケー
　ション―コミュニケーション戦術から利益構築戦略へ」『マーケティングジャーナル』第
　24巻，第1号，pp. 16-29，日本マーケティング協会。

ZIPPIA（2021）"Medical Representative Statistics and Facts in the US"　https://www.zip-
　pia.com/medical-representative-jobs/demographics/　2021年9月29日アクセス。

CM 総合研究所社内資料。

OCC 社内資料。

有賀勝（1996）「統合型マーケティング・コミュニケーション（IMC）の実際」『DIAMOND
　ハーバード・ビジネス・レビュー』第27巻，第9号，pp. 29-37，ダイヤモンド社。

猪狩誠也編著（2007）『広報・パブリックリレーションズ入門』宣伝会議。

『医薬経済』2005年8月15日付け。

大森康晴（2006）「図表31　広告 vs PR（広報）―その機能と属性」古川隆『実践医薬品
　マーケティング・コミュニケーション』医薬経済社。

海外メディカルニュース研究所・岡田哲男（2005）「逆風に立たされる DTC 広告」『月刊ミク

ス』6月号，pp. 73-74，エルゼビア・ジャパン。

海外メディカルニュース研究所・岡田哲男（2009）「PhRMA，DTC広告ガイドラインを改訂」『月刊ミクス』4月号，pp. 84-85，エルゼビア・ジャパン。

株式会社 Buzzreach　社内資料。

株式会社インテージ　コンシューマーセントリックコミュニケーション部（2017）「社内勉強会資料『Webマーケティング基礎知識』」。

株式会社日本経済広告社／GMOリサーチ株式会社　社内資料。

株式会社メディアコンテンツファクトリー　社内資料。

岸志津江・田中洋・嶋村和恵（2000）『現代広告論』有斐閣。

木綿良行・懸田豊・三村優美子（1999）『テキストブック 現代マーケティング〔新版〕』有斐閣ブックス。

クロスイッチ　電通クロスメディアコミュニケーション WEB（2009）「クロスメディア用語集」 http://www.dentsu.co.jp/crosswitch/dictionary/index.html　2009年1月20日アクセス。

『月刊ミクス』（2000）3月号，pp. 90-91，ミクス。

『月刊ミクス』（2003）1月号，ミクス。

『月刊ミクス』（2004）3月号，ミクス。

『月刊ミクス』（2004）5月号，ミクス。

『月刊ミクス』（2009）8月号，p. 93，エルゼビア・ジャパン。

厚生省保険局医療課監修（1995）『欧米諸国における薬剤と医療保　険制度改革』薬業時報社。

厚生省（平成10年／1998）「厚生省医薬安全局監視指導課長通知」9月29日医薬監第148号。

厚生労働省「平成18年医薬品薬効大分類別用途区分別生産金額」https://www.mhlw.go.jp/topics/yakuji/2006/nenpo/21.html　2021年9月6日アクセス。

厚生労働省（平成29年／2017）「厚生労働省医薬・生活衛生局長通知」9月29日薬生発0929第4号「医薬品等適正広告基準の改正について」 https://www.mhlw.go.jp/file/06-Seisakujouhou-11120000-Iyakushokuhinkyoku/0000179264.pdf　2021年9月5日アクセス。

厚生労働省（平成29年／2017）「厚生労働省医薬・生活衛生局監視指導・麻薬対策課長通知」9月29日薬生監麻発0929第5号「医薬品等適正広告基準の解説及び留意事項等について」 https://www.mhlw.go.jp/file/06-Seisakujouhou-11120000-Iyakushokuhinkyoku/0000179263.pdf　2021年9月5日アクセス。

厚生労働省（平成31年／2019）「医療用医薬品の販売情報提供活動に関するガイドラインに関するQ&Aについて」https://tansajp.org/investigativejournal/2972/　2021年9月28日アクセス。

厚生労働省（令和3年／2021）「医療用医薬品の販売情報提供活動監視事業報告書」3月 https://www.mhlw.go.jp/content/000819797.pdf　2021年9月4日アクセス。

厚生労働省（2021）「令和元年薬事工業生産動態統計年報の概要」 https://www.mhlw.go.jp/topics/yakuji/2019/nenpo/　2021年9月6日アクセス。

『国際医療品情報』（2003）9月8日号，国際商業出版。

佐賀國一（1993）『医薬品マーケティング』日本能率協会マネージメントセンター。

坂巻弘之（1997）「疾病管理」『月刊ミクス』10月号，pp. 84-88，ミクス。

坂巻弘之・池田俊也（1999）「医療の効率化と疾病管理」『病院』第 58 巻，第 4 号，pp. 343-347，医学書院。

疾患啓発（DTC）研究会・疾患啓発（DTC）研究会疾患啓発綱領策定委員会（2020）「疾患啓発（DTC）活動実態調査結果報告＜抜粋版＞報道機関限定資料」。

嶋口充輝（2000）『マーケティング・パラダイム』有斐閣。

杉本徹（2017）「患者インサイトを知るための手法」『PharMarketingNews』第 209 号，株式会社 ABC。

スコット・M・カトリップ，アレン・H・センター，グレン・M・ブルーム（2008）『体系パブリック・リレーションズ』株式会社ピアソン・エディケーション。

鈴木夕子（2017）「講演資料：子宮筋腫に関する Patient Journey Map」『患者インサイトセミナー』，楽天リサーチ株式会社。

世古主義夫（2002）「激変するマーケティング」『ウイルスの会 抄録集』，pp. 8-14，ファルマ・マーケティング・サーベイ研究所。

総務省（2017）「平成 29 年版情報通信白書」。

総務省（2021）「令和 3 年版情報通信白書 情報通信白書」。

高志昌広・小又理恵子（2001）「ネットの医療情報を携え患者がやってくる」『日経メディカル』第 30 巻，第 5 号，pp. 54-65，日経 BP 社。

田中洋（2015）『消費者行動論』中央経済社。

デジタル庁「薬機法（医薬品，医療機器等の品質，有効性及び安全性の確保等に関する法律）」』https://elaws.e-gov.go.jp/document?lawid=335AC0000000145　2021 年 9 月 4 日アクセス。

當麻あづさ（1998）「ディジーズ・マネージメント」『日経メディカル』12 月号，p.17，日経 BP 社。

中川理・日戸浩之・宮本弘之（2001）「顧客ロックイン戦略」『DIAMOND ハーバード・ビジネス・レビュー』第 26 巻，第 10 号，pp. 40-55，ダイヤモンド社。

21 世紀の医療システムを考える研究会著　日経メディカル編（1999）『医療を変える提言・患者主体の医療改革』日経 BP 社。

日本製薬工業協会・広報委員会（2000）『製薬企業／団体と医療消費者とのコミュニケーションに関する欧米調査団調査報告書』日本製薬工業協会。

日本製薬工業協会・広報委員会（2002）『第 3 回くすりと製薬産業に関する生活者意識調査調査報告書』日本製薬工業協会。

日本製薬工業協会・コード委員会・医療用医薬品製品情報概要審査会（2015）「通知『テレビや新聞等のメディアを利用した情報発信活動いわゆる疾患啓発広告とタイアップ記事（広告）について』」平成 27（2015）年 1 月 6 日付け，日本製薬工業協会。

日本製薬工業協会・コード・コンプライアンス推進委員会・医療用医薬品製品情報概要審査会（2016）「『ホームページへのコンテンツ掲載に関する指針』のお知らせ，添付文書『ホームページへのコンテンツ掲載に関する指針』」平成 28（2016）年 7 月 15 日付け，日本製薬工業協会。

日本製薬工業協会「委員会の活動内容」　https://www.jpma.or.jp/policy/iinkai/index.html　2021 年 9 月 6 日アクセス。

日本製薬工業協会「製薬協コード・オブ・プラクティス」　https://www.jpma.or.jp/basis/

code/lofurc0000001dqt-att/code2.pdf　2021 年 9 月 6 日アクセス。

日本製薬工業協会「製薬協コード・オブ・プラクティスの概要」https://www.jpma.or.jp/news_room/release/news2019/lofurc0000000okx-att/20191017_1.pdf　2021 年 9 月 6 日アクセス。

日本製薬工業協会「製薬協の概要」https://www.jpma.or.jp/about/about_jpma/　2021 年 9 月 6 日アクセス。

日本製薬工業協会（2015）「通知　テレビや新聞等のメディアを利用した情報発信活動いわゆる疾患啓発広告とタイアップ記事（広告）について」平成 27（2015）年 1 月 6 日製薬協発第 6 号。

日本製薬協工業協会・広報委員会（2020）「第 14 回くすりと製薬産業に関する生活者意識調査」，https://www.jpma.or.jp/news_room/issue/survey/lofurc00000039bh-att/14_all.pdf 2021 年 9 月 3 日アクセス。

長谷川敏彦（1999）「批判的論評，疾病管理，臨床ガイドラインと EBM」『健康保険』第 53 巻，第 9 号，健康保険組合連合会。

廣瀬輝夫（2000）『こんなにも違う日米医療』秀明出版社。

深代達也（1998）「疾病管理手法の有効性」『ばんぶう』9 月号，pp. 86-91，日本医療企画。

古川隆（2005）『DTC マーケティング』日本評論社。

古川隆（2009）『新版 DTC マーケティング』日本評論社。

古川隆編著（2010）『マーケティング PR（製品広報）の理論枠組みの整理と日本における現状の考察』日本広報学会。

古川隆（2013）「DTC-TV 広告の変遷についての分析と考察—CM 総合研究所の 2000 年〜2012 年データより—」『日経広告研究所報』第 47 巻，第 1 号，pp. 24-31，日経広告研究所。

松田晋哉・坂巻弘之編（2004）『日本型疾病管理モデルの実践』じほう。

三浦明・水戸部英明（2005）「米国の DTC 広告—DTC 広告誕生の背景と，最近の動向—」『The America Report』第 6 巻，第 29 号，p. 1，JETRO NewYork。

ミクス Online（2021）「全てリモート面談でも良い医師急増」8 月 3 日付け，https://www.mixonline.jp/tabid55.html?artid=71542　2021 年 8 月 24 日アクセス。

『メディカルトリビューン』2000 年 4 月 13 日号，メディカルトリビューン社。

『薬事日報』2017 年 4 月 10 日付け，「臨床研究法が成立—『特定臨床研究を規制へ』」https://www.yakuji.co.jp/entry57426.html　2017 年 4 月 10 日アクセス。

『読売新聞』2013 年 12 月 11 日付け，朝刊，39 面。

『読売新聞』2014 年 2 月 19 日付け，朝刊。

ラン・カスター（2000）「広告界を潤す医療用医薬品広告」『宣伝会議』12 月号，pp. 60-62。

ローラ・ショーン（2004）「信頼性の危機：製薬企業にとっての熟考と変化の時間」『PRSJ NEWS』12 月号，pp. 7-8，日本パブリックリレーションズ協会。

渡辺周（2017）「買われた記事　電通グループからの『成功報酬』（1）」2 月 1 日付け　https://tansajp.org/investigativejournal/2961/　2021 年 8 月 10 日アクセス。

渡辺周（2018）「買われた記事　医薬品名を出せば「報償費」　東京都が MSD に改善命令，西日本新聞社には福岡市が指導（12）」12 月 27 日付け　https://tansajp.org/investigativejournal/2972/　2021 年 8 月 10 日アクセス。

索　引

協力者一覧

『DTC マーケティング』（2005 年 3 月 20 日）
石井　弘之　様，石澤　幹夫　様，石橋　太郎　様，井上　良一　様，植田　南人　様
大森　康晴　様，金子　雄太　様，カランハン　トム　様，須田　和英　様
世古　主義夫　様，高田　昌彦　様，松田　雅裕　様，松竹　直　様，三村　洋介　様
森山　康男　様
（発刊当時から年月が経っているため，当時の所属と肩書は省略させて頂きました）
（50 音順）

『新版 DTC マーケティング』（2009 年 11 月 20 日）
浅山　美紀　様，市川　健一　様，大山　晋　様，岡田　哲男　様，国方　京子　様，
熊沢　伸宏　様，橋本　敏　様，傳農　寿　様，我妻　誠一　様
（発刊当時から年月が経っているため，当時の所属と肩書は省略させて頂きました）
（50 音順）

『日本における DTC マーケティングの歩みと未来』（2018 年 1 月 31 日）
大石　芳裕　様※，高橋　義宣　様※，沼田　佳之　様※，香取　久之　様※，
加藤　和彦　様※
秋和　真一　様，石井　臨太郎　様，楠　薫　様，杉本　徹　様，田沢　悟郎　様，
中川　晃　様
（発刊当時から年月が経っているため，当時の所属と肩書は省略させて頂きました）
（※は第一部対談出演者，他は 50 音順）

【本書】

杉本　徹　様　株式会社 Buzzreach　ミライク事業部　ジェネラルマネージャー
高橋　義宣　様　疾患啓発（DTC）研究会　代表理事
田沢　悟郎　様　株式会社メディアコンテンツファクトリー　専務取締役
（DTC ソリューション協議会　理事長）
立山　好古　様　GMO リサーチ株式会社　国内事業本部　コンサルティング営業部　プロ
モーショナルマーケティング課　マネージャー
森谷　健太郎　様　ADEX 株式会社日本経済広告社　業務推進局　アカウントプロデュー
サー　ウェルネスプロモーション担当
米田　法道　様　CM 総合研究所
（50 音順）

【著者紹介】

古川　隆（ふるかわ　たかし）

1958 年新潟県新井市（現妙高市）生まれ。
明治大学大学院経営学研究科博士前期課程修了。経営学修士。
現在，株式会社アーベーツェー代表取締役，コンサルティング・エグゼ
クティブ。
日本大学法学部新聞学科講師。東洋大学理工学部講師。埼玉医科大学臨
床研究審査委員会委員。埼玉医科大学中央倫理審査委員会委員。
所属学会・協会：日本広告学会正会員。日本商業学会正会員。日本広報
学会正会員。日本医学ジャーナリスト協会正会員。日本クラリネット協
会会員。日墺文化協会会員。日本ハンガリー友好協会会員。
所属団体：疾患啓発（DTC）研究会専務理事（事務局）。（一社）くすり
の適正使用協議会個人会員。
専門：医薬品マーケティング。広告論。広報論。
趣味：クラシック音楽（クラリネットと声楽の愛好家）。馬場馬術。ソシ
アルダンス（モダン＆ラテン）。写真。秩父札所巡り（公認先達）。

株式会社アーベーツェー　　　https://abc-onsulting.co.jp/

【編集協力】
山田　由美子

DTC マーケティング【第 3 版】

2022 年 1 月 31 日　　第 1 版第 1 刷発行　　　　　　検印省略

著　者　古　川　　　隆

発行者　前　野　　　隆

発行所　株式会社 文　眞　堂
東京都新宿区早稲田鶴巻町 533
電　話 03（3202）8480
FAX 03（3203）2638
http://www.bunshin-do.co.jp/
〒162-0041 振替 00120-2-96437

印刷／製本・美研プリンティング
©2022
定価はカバー裏に表示してあります
ISBN978-4-8309-5151-0 C3034